中日桥汉语

中国語—日中の架け橋

（中级下）

王顺洪　［日］宇野木洋　编著

图书在版编目(CIP)数据

中日桥汉语. 中级. 下/王顺洪，(日)宇野木洋编著. —北京：北京大学出版社，2017.6

ISBN 978-7-301-28349-3

Ⅰ. ①中… Ⅱ. ①王… ②宇… Ⅲ. ①汉语—对外汉语教学—教材 Ⅳ. H195.4

中国版本图书馆CIP数据核字(2017)第124511号

书　　名	中日桥汉语(中级下) ZHONG-RI QIAO HANYU
著作责任者	王顺洪　[日]宇野木洋　编著
责任编辑	宋思佳　宋立文
标准书号	ISBN 978-7-301-28349-3
出版发行	北京大学出版社
地　　址	北京市海淀区成府路205号　100871
网　　址	http://www.pup.cn　　新浪微博:@北京大学出版社
电子信箱	zpup@pup.pku.edu.cn
电　　话	邮购部 62752015　发行部 62750672　编辑部 62752028
印 刷 者	北京大学印刷厂
经 销 者	新华书店 787毫米×1092毫米　16开本　10印张　154千字 2017年6月第1版　2017年6月第1次印刷
定　　价	62.00元(含1张MP3光盘)

立命馆孔子学院·北京大学对外汉语教育学院
《中日桥汉语》(中国語—日中の架け橋)
编辑委员会

总 序

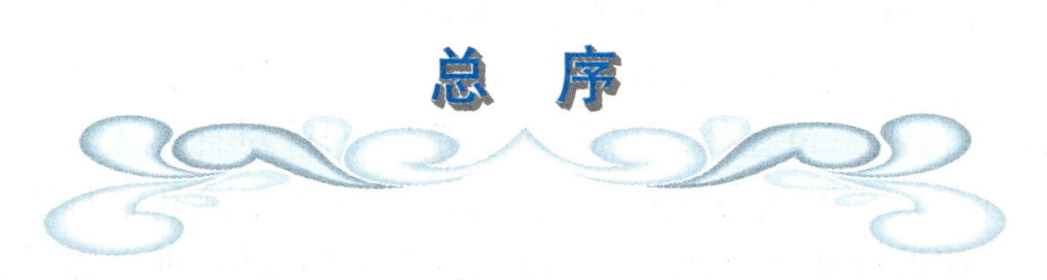

俄国教育学家乌申斯基曾说过:“好的教科书和有效的教学法,能使没有经验的教师成为一个好老师。如果缺少这些,一个优秀的教师也难以真正在教学上登堂入室。”这句话明确地告诉我们,教材在第二语言教学中始终占据着相当重要的位置。

随着汉语作为第二语言教学在日本的不断深入,不仅学习人数快速增加,且学习者的类别也不断增多。在这一形势下,对教材,特别是对有针对性的教材的需求越来越迫切。本套系列教材正是在这一大背景下顺应而生。编写者衷心希望本套教材的出版能够为广大在日本本土学习汉语的需求者提供积极的帮助,同时也为在中国学习汉语的各类日本朋友提供更多选择。以下是本套教材的概括介绍。

编写原则

针对性　充分考虑学习者的母语特点,在全面研究有别于欧美学习者的学习规律基础上,针对日本人和日本人学习汉语的特点,确定教材编写模式,力求提高以日语为母语的学习者的汉语学习效率。

科学性　吸收国际最新的教材编写理论,吸收汉语最新研究成果,在汉语语言要素选择、输入、练习设计等诸多方面进行全面考量,循序渐进,力求教材内容科学专业。

真实性　从初级到最高级,不同阶段突出不同特点,但各段的共同点都是以实现语言交际为目标。场景设置和材料的选择都与某一真实环境相结合,使教材真正可以做到学以致用。

系统性　参考国内外先进的第二语言标准,特别是汉语水平测试标准,整套教材为小台阶多级别的组合,共分为初级、准中级、中级三段,每一段上下两册,全套教材共有六册。

文化性　教材在选材上突出文化底蕴,尤其注意中日文化的交流与碰撞,使语言学习的过程同时成为文化交融的过程,充分体现出多元文化大背景下语言教学的崭新面貌。

结构目标

全套教材共有三段六册，各段的具体目标是：

初级　以结构为纲进行编写，同时兼顾功能项目，力求二者完美结合。初级教材的编写重在体现出针对性特点，即针对日本人学习汉语时需要加强的方面，采用听说领先的编写方式，同时又兼顾到中日语言中汉字的中介作用，使教材从初级起，就展现出有别于传统的、面向欧美学习者的汉语教材的崭新面貌。初级阶段的词语在800个左右，学完初级，可以进行初步的日常交际。

准中级　以情景和功能为纲进行编写。为体现情景的真实性和实用性，上册侧重于日本情景，下册侧重于中国情景，并尽可能做到寓功能于情景之中，同时注意补充初级阶段未曾学习的语法项目。课文多是对话加叙述的形式，力求自然、轻松、有趣，以引发学习者的兴趣。同时，以多种形式强化听和说的训练，进一步体现母语为日语者的教材特点。学完准中级，词语达到1600个左右，可以独立在中国生活，并用汉语进行简单的沟通。

中级　以功能和话题为纲进行编写，同时兼顾中级阶段的语法项目。在前两阶段的基础上，加强学生对中日同形词音义对照辨析能力的培养。课文形式由主要是对话体转为文章体，课文内容从主要是日常生活交际语言的学习转为对更具社会、文化含量文章的读解与听说，从而提高在较深层次、较宽领域运用汉语进行表达和交际的能力。学完中级，词语达到3200个左右，可以比较自由地用汉语与中国人进行沟通和交流。

教材特点

国别教材　语言教学理论，特别是二语学习理论的研究成果已经充分表明，不同母语的学习者，由于自身母语的不同，在学习第二语言的时候，会产生不同的学习特点和难点。因此，针对不同母语者的不同需求，从第二语言教材的编写原则出发，针对某一国别的特殊需求编写教材是十分科学有效的，这也正是本套教材最突出的特点之一。

合编教材　本教材的另一特点是，这是一套名副其实的中日合编教材。从教材的策划到编写大纲的制定，从顾问的邀请到教材总主编和监修的配合，从各级主编的确定到编写人员的组成，以至每一课的具体编写，每一步都凝聚了中日双方人员的心血和智慧，其目的就是中日双方各自发挥所长，扬长避短，合编教材。

趣味教材　本教材内涵十分丰富，其内容不但贴近学生生活，而且特别注重凸显中日两国的文化，同时放眼世界，展示人类共通文化；练习形式多样，既丰富又实用，既有针对课文内容的问题，也有具有启发性的开放式问题，使学习者在学习教材的同时，有很宽广的拓展和深化思考的空间，使得学习过程充满了挑战与趣味。

有效教材　以上几个特点，体现出本教材明显地不同于以往的汉语教材。她针对日本人学习汉语的实际需求，她凝聚了中日双方汉语教师的共同智慧，她科学、有趣、实用、有效。我们相信，这会是一套全新的受到使用者欢迎的有效教材。

本套教材从2008年策划到2012年开始出版，历经四年。其间日本立命馆孔子学院付出了极大的努力。作为本套教材的总主编，我首先要向立命馆孔子学院致以最衷心的感谢，是你们的睿智和果断，使得教材得以问世。同时，我也要感谢北京大学和立命馆大学的校领导，你们的决策和支持，保证了教材的持续编写。我还要感谢为本套教材的策划和提出建设性意见而付出心血的所有中日朋友，你们的参与与献策，使得教材锦上添花！最后，我要感谢参加编写教材的全体中日教师，谢谢你们的辛勤付出！感谢北京大学出版社的领导和编辑。

由于水平和能力，本套教材一定还有需要进一步改进的地方，欢迎听到各方朋友的宝贵意见。

李晓琪
2012年春于北京大学

総　序

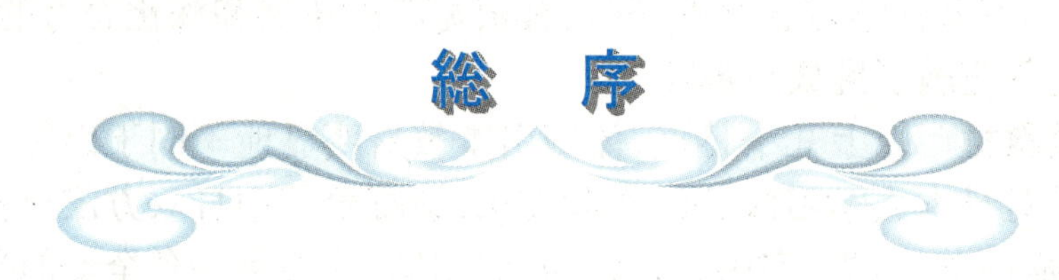

ロシアの教育学者ウシンスキーは、「よい教科書と効果的な教授法は経験の浅い教師を一人前の教師にすることができる。これらがなければ、優秀な教師であっても教育のより深い境地に達することは難しい。」と述べている。この言葉からもわかるように、第二言語教育において、教科書は非常に重要なものである。

日本では中国語教育の拡大に伴い、学習人口の増加だけではなく学習者のレベルも多様化している。このような状況の下、教科書に対する要求は高まってきており、このニーズに応えるべく本シリーズは生まれた。この教科書の出版により、日本における中国語学習者によりよい学習環境を提供し、また中国の日本人中国語学習者にも学習ツールの選択肢の一つとして加えて頂けたらと願っている。この教科書シリーズの概要は以下のとおりである。

編集原則

一）対象をはっきりさせた構成

学習者の母語の特性を考慮していること。欧米系学習者とは異なる学習法則の研究に基づき、日本人の中国語学習の特徴に即した教科書編集を行うことにより、日本語を母語とする学習者の学習効率を高めた。

二）科学性

最新の国際的な教科書編集理論と中国語研究の成果に基づき、中国語素材の選択、導入、練習問題の設定などについて全面的に吟味し、専門的かつ科学的であるよう努めた。

三）実際性

初級から上級まで、それぞれのレベルで異なる特徴を打ち出すと同時に、各レベルともに中国語によるコミュニケーション能力の向上を目標とした。シーン別会話の設定や素材の選択は全て現実社会に即したものであり、これにより、実際に使うことに役立てる科書とした。

四）系統性

国内外の第二言語教育基準、特にHSK基準を参考し、細かいレベル設定をする。本シリーズは初級、準中級、中級3段階で構成され、各級上・下冊、全6冊で構成した。

五） 文化的

本教科書は日中文化交流など文化的側面も取り入れることにより、語学学習の過程で文化についても知識を深めることができる。多元文化の背景のもと、新しい言語教育の姿を明らかにした。

目標構成

本教科書シリーズは3段階計6冊で構成される。各級の目標は以下のとおりである。

初　級: 構造的を軸に編集し、機能的項目も考慮し、構造を理解し、機能も果たせるようにした。初級テキストは対象を明確にして編集したことが特長で、日本人学習者の弱点であるリスニングとスピーキングに重点をおき、同時に日中両言語における漢字のもつ橋渡し機能に着目し、初級段階から従来の欧米系学習者向け教材とは異なる新しいタイプの教科書とした。初級の語彙量は約800程度、学習終了後は初歩レベルの日常的コミュニケーションが可能である。

準中級: シーン別会話と機能性を軸に編集した。会話場面の現実性と実用性を高めるため、上冊では日本の状況、下冊では中国の状況に焦点を合わせた。会話場面はできるだけ機能的に、また初級で述べられなかった文法事項についても補足を行った。本文は会話に叙述文を加えた形式で、自然で、負担にならない、楽しい、学習者の興味をかきたてる内容とした。同時に、多方面からリスニングと会話能力を強化することにより、日本語を母語とする学習者に即した教材という特長を打ち出している。準中級学習終了後、語彙量は約1600、単独で中国で生活をすることができ、中国語を用いて簡単なコミュニケーションを図ることができる。

中　級：機能性とトピックスを軸に編集を行い、同時に中級レベルの文法事項についてもふれた。初級、準中級での学習という基礎のもと、日中同形語の発音と意味に関する対照弁別能力を養う。本文は会話形式から文章形式に、内容は日常生活で使用するフレーズの学習から更に社会的、文化的要素をもつ文章の読解と運用となり、より深い、広い領域で中国語を用いた表現力、コミュニケーション力の向上を目指す。中級学習終了後は、語彙量約3200、比較的自由に中国語を用いて中国人とコミュニケーションし、交流することができる。
（中国では外国人に対する中国語を「初級」、「准中級」、「中級」、「高級」のように段階分けがおこわれるのが普通で、それぞれの段階で習得されるべき語彙数などが定められている。本シリーズにおいても「准中級」まではそれに準拠したが、「中級」は中国人の書いた原文を収録し解説を加える体裁にした。日本の慣例に従えば「中級」は「上級」の相当する。）

教科書の特長

対象国別教科書

言語教育学理論、特に第二言語学習理論の研究でもすでに明らかになっているが、母語の異なる学習者では、第二言語学習上の優位性と弱点も異なる。よって母語の異なる学習者のニーズに対して、第二言語学習教材の編集原則に基づき対象国別に教科書を策定することは科学的で効果的であり、この教科書シリーズの最大の特長のひとつでもある。

日中合作教科書

教科書のもう一つの特徴は、日中合作教科書であるということである。教科書の企画から編集大綱の策定、総顧問の招聘から総主編、総監修の協力により、各テキスト主編の決定から編者の構成および各課の執筆まで、すべてが日中双方の知恵と努力の結晶であり、お互いの良いところを取り入れた合作教科書である。

おもしろい教科書

教科書は学生の生活に密接した内容となっているだけではなく、日中両国の文化に焦点をおくと同時に世界に目を向け、人類共通の課題にも触れた豊富な内容となっている。また豊富で実用的、本文に即した様々な練習問題を用意しており、学習者により広く深く思考を促し、学習過程においてチャレンジ精神と楽しみをかきたてる内容となっている。

効果的な教科書

以上の特長より、この教科書は他の中国語教科書とは一線を画したものとなっている。教科書は日本人学習者のニーズに即した、日中双方の中国語教師の知恵の結晶であり、科学的で面白い、実用性に富んだ効果的な教科書である。本シリーズが学習者に広く受け入れられると信じている。

本教科書シリーズは2008年の企画から2012年から出版まで、4年の時間を費やした。この間、立命館孔子学院は多大な労力を費やしてくださった。本教材の総主編として、立命館孔子学院に心より感謝申し上げる。貴学院の英知と果断により、この教科書は世に出ることができた。同時に、北京大学と立命館大学の学園執行部の方々にも感謝したい。二つの大学の執行部各位の意思決定と支持により,教科書編集を継続することができた。また、この教材の企画に対して助言くださったすべての日中両国の友人にお礼を申し上げたい。皆様方の参画と助言により、本教科書をより素晴らしいものにすることができた。最後に、本書の編集に尽力いただいた日中双方の教員に感謝の意を表する。北京大学出版社の責任者と編集者にも感謝したい。

本教科書シリーズの不十分な点などについては、先生方、学習者の方々から忌憚のないご意見を頂戴できれば幸いである。

李暁琪
2012年春北京大学にて

关于中级教材的说明

这是中日合编《中日桥汉语》系列教材（全6册）的中级部分，为了帮助使用者取得更好的教学效果，特做如下说明：

一、编写构思与特色

◇ **课文形式**：在准中级基础上，由主要是对话体转为文章体，由主要是日常生活会话转为对更具社会、文化含量文章的读解和听说，提高在较深层次运用汉语进行交际的能力。

◇**课文内容**：以介绍当代中国为主，兼顾日本和中日对比，叙述、议论相结合，涉及文化、历史、人物、经济、社会、人生、习俗等，具有知识性、趣味性、可读性。

◇**课文容量**：分为上下两册，每册9课，共18课。课文长度上册800—1000字，生词40个左右，下册1000—1200字，生词45个左右，语言点两册均为每课4—6个。

◇**难易程度**：课文是从数百篇文章中精选的，根据教学需要进行了适当删改。上册乙级、丙级词各约占一半，丁级词很少；下册乙级、丙级词各约占40%，丁级词约20%。

◇**两册关系**：内容类别相似，话题互相联系，构成大循环，同时又各成体系，可以分别单独使用；在篇幅、语言、程度上，上册容易些，下册难一些，体现了中级两个层次。

◇**授课学时**：按日本的1学时90分钟计算，每课需3—4学时，两册各需30—40学时。若每周1学时，一册学完需1年，两册需两年，如每周2—3学时，一年能全部学完。

◇**预期目标**：扎实学完这两册中级教材，学生所掌握的总词语量将达到约3200个，可以比较自由地用汉语与中国人进行话题较为广泛、深入的沟通与交流。

二、教学步骤与方法

◇**课前热身**:针对课文题目,通过提问和简单介绍相关信息,进入授课氛围,拉近学生与课文内容的距离,引起和激发学生的学习兴趣。

◇**带读课文**:针对日本人发音薄弱的特点,通过带读并让学生标上陌生词的汉语拼音,使学生避免受日文汉字发音干扰,首先了解并初步掌握课文的读音。

◇**生词读讲**:让学生轮流朗读生词表中的生词,在朗读过程中注意矫正错误的发音。每读一部分后让学生提问,教师对难点和重点词进行讲解,其中要特别强调词语的搭配。

◇**课文读解**:为了启发学生理解和动口,采取全班或分组逐句逐段边读边议的形式,学生轮读课文,每读一段后学生和教师互相提问,教师对学生不懂之处进行讲解。

◇**语言点讲练**:语言点因有中日文解释,除较难者外,一般不需要进行过多的讲解,重点是让学生在熟悉例句的基础上,按照设定的要求进行操练、运用。

◇**综合练习**:包括听句子填空白、听后判断正误、选词填空、根据课文回答问题、成段表达等,通过多种形式,充分利用课文的内容和词语,由易到难地训练听说能力。

◇**布置作业**:一是熟读课文和记忆生词,二是造句和短文写作等,以便消化、巩固和补充课上的教学内容。最后使学生的汉语水平全面提高,达到本教材所预期的教学目标。

教学有法而无定法,一切以提高教学效果为目的,上述教学步骤与方法仅供参考。

编　者

2012年7月

目录

第10课　少林功夫传天下

课前热身

☞ 1. 大家听说过中国的少林寺吗？谈谈你知道的情况。

☞ 2. 你知道日本和其他国家也有少林寺吗？

课　文

从1982年电影《少林寺》在国内外掀起少林功夫[1]热潮，到如今第一位外国首脑普京[2]前来少林寺参观，少林功夫和少林寺为河南*乃至中国架起了一座沟通世界的桥梁。

学武的老外[3]喜欢住在少林村

3月22日一大早，登封市少林新村村民韩西辰开着面包车[4]出了远门。当天晚上7时，普京结束少林寺之行回国时，韩西辰还没回到家。他说："普京来的消息，我们全村人都知道。"

韩西辰初中毕业，家境殷实。他家的三层楼，一层是饭馆，二层是旅馆，三层自家人居住。他坦言，少林新村村民的富裕与这些年少林寺的开放息息相关。

*说起普京参观少林寺，韩西辰说："少林寺本来不出名，是少林功夫使少林寺出了名。"上世纪90年代初，陆续有外国人前来参观，最近四五年来得特别多。这些学习武术的老外，大都喜欢住在少林村，"他们白天在寺院里习武，晚上住农家旅馆"。

少林功夫的全球化传播

“少林，少林，有多少英雄豪杰都来把你敬仰……”上世纪80年代初，一部《少林寺》电影，让全世界的目光都开始关注少林寺。

“想采访释永信很久了，一直找不到他。”有记者这样感叹道，“第一次给他打电话他在南美⑤，过了一个月再打他又去美国了。”

自1987年担任少林寺住持⑥以来，释永信率领的少林功夫表演团，已经到加拿大、美国、新加坡、日本、韩国等60多个国家和地区演出。不少外国人对少林武术着迷，有的特地到中国拜师学艺⑦。

1999年，少林弟子释行鸿在匈牙利⑧创办匈牙利禅武联盟总会。2003年，他被匈牙利警察总局聘为总教头⑨。

2001年7月，少林洋弟子戴勒在德国柏林⑩开办了少林文化中心，拥有面积超过2000平方米的厅堂，可用绿地1万平方米，是目前欧洲最大的中国寺庙。

纽约法拉盛⑪华人区的少林寺是美国的第一家分寺。十多年来，已培养出各族裔弟子数千人，分散在美国各州。休斯敦⑫、洛杉矶⑬等城市也有规模不一的少林寺或少林分馆。

在非洲埃塞俄比亚⑭，中国武术馆近年来*如雨后春笋般冒了出来，*仅在首都亚的斯亚贝巴⑮，就已经出现了17家全由当地人办、当地人教的武术学校。

2004年，美国加州⑯众议院通过决议，把每年的3月21日定为“嵩山少林寺日”，*以便不同宗教、种族和文化背景的加州居民，能够欣赏到少林历史悠久的禅宗与武术。

少林要成为世界的圣地

释永信说："少林寺作为中国传统文化的代表之一，在世界各地举办演出。*这样一来，其他国家的人民就有机会通过我们了解中国历史与文化。"

有1500多年历史的少林功夫，是中国佛教禅宗文化独特的表现形式之一。除武僧团外，少林寺还建立了图书音像馆、研究院，系统地开展少林禅、武、医、艺术等研究，并通过举办国际学术研讨会，合作编演舞台剧、卡通片⑰等，向海内外推广少林功夫。

释永信说："过去人们通常把少林功夫只看成是武术，其实少林功夫不仅是个庞大的技术体系，同时也是个庞大的宗教文化体系，是中国传统文化的重要宝库，具有极其丰富的宗教文化功能和价值……我们希望少林寺成为世界的一个圣地。"

（改编自2006年3月23日《东方今报》，作者：杨非）

注释：

① 少林功夫：少林寺の武術。少林カンフー。

② 普京：当時のロシア大統領・プーチン。

③ 老外：中国好きの外国人のこと。口語的表現。

④ 面包车：ワゴン車やマイクロバス。形状がスライスしていない食パンに似ていることから。

⑤ 南美：南アメリカ。

⑥ 住持：寺院を主管する僧。「方丈」または「长老」とも言う。

⑦ 拜师学艺：正式に弟子入りして技芸を学ぶこと。

⑧ 匈牙利：ハンガリー。

⑨ 总教头：武術を教授する責任者。

⑩ 柏林：ベルリン。

⑪ 纽约法拉盛:ニューヨークのクイーンズ区にあるフラッシング・チャイナタウン。

⑫ 休斯敦:ヒューストン。

⑬ 洛杉矶:ロサンジェルス。

⑭ 埃塞俄比亚:エチオピア。

⑮ 亚的斯亚贝巴:アジスアベバ。

⑯ 加州:カリフォルニア州。

⑰ 卡通片:アニメーション。

生 词

1. 掀起	xiānqǐ	动	~高潮;~爱国运动
2. 热潮	rècháo	名	掀起~;出现~;出国留学~
3. 架起	jiàqǐ	动	~桥梁;~帐篷
4. 沟通	gōutōng	动	相互~;~关系;容易~
5. 桥梁	qiáoliáng	名	架起~;建造~
6. 远门	yuǎnmén	名	出~;没出过~
7. 家境	jiājìng	名	~困难;~贫寒;~很好
8. 殷实	yīnshí	形	生活~;~的家庭;家境~
9. 坦言	tǎnyán	动、名	他~自己对音乐懂得不多;~相告
10. 息息相关	xīxī xiāngguān		两件事~;与我~
11. 陆续	lùxù	副	~入场;~发表
13. 大都	dàdōu	副	~去过中国;~是青年人
14. 习武	xí wǔ		喜欢~;天天~;~出身
15. 英雄	yīngxióng	名	他是~;民族~;~人物
16. 豪杰	háojié	名	英雄~;女中~

17. 敬仰	jìngyǎng	动	～英雄；被人～；令人～
18. 目光	mùguāng	名	期待的～；凶恶的～
19. 关注	guānzhù	动	～形势变化；受到～
20. 率领	shuàilǐng	动	～访问团；～军队
22. 表演	biǎoyǎn	动、名	～节目；舞蹈～；～体操
23. 特地	tèdì	副	～来看我；～买了礼物
24. 创办	chuàngbàn	动	～学校；～刊物
25. 聘	pìn	动	～新教师；～顾问
26. 开办	kāibàn	动	～茶室；～餐馆；～训练班
27. 拥有	yōngyǒu	动	～土地；～财产；～资本
28. 厅堂	tīngtáng	名	～很大；～里客人很多
29. 华人	huárén	名	日籍～；美籍～；～社会
30. 分散	fēnsàn	动、形	～注意力；～精力；坐得太～
31. 决议	juéyì	名	做出～；形成～；执行～
32. 欣赏	xīnshǎng	动	～歌舞；～音乐；～比赛
33. 圣地	shèngdì	名	宗教～；革命～；历史～
34. 传统	chuántǒng	名	优良～；发扬～；继承～
35. 系统	xìtǒng	形、名	～地介绍；～地讲解；管理～
36. 开展	kāizhǎn	动	～活动；～健身运动
37. 编演	biānyǎn	动	～文艺节目；～电视剧
38. 推广	tuīguǎng	动	～汉语；～先进经验
39. 庞大	pángdà	形	～的建筑；～的数字；～的计划
40. 技术	jìshù	名	～先进；～很高；提高～
41. 丰富	fēngfù	形	内容～；～的资源
42. 功能	gōngnéng	名	～很多；～齐全

语言点

1. 乃至

△少林功夫和少林寺为河南乃至中国架起了一座沟通世界的桥梁。

◎解释：连词，书面语，也说“乃至于”或“甚至”“甚至于”，进一步提出事例。

*解説：接続詞で、文章語では“乃至于”としても用い、更に踏み込んで事例を挙げることを示す。「ひいては」。“甚至”“甚至于”も類似の意味で用いる。

例句：(1) 少林功夫从中国传到了日本、美国、欧洲乃至全世界。

(2) 在北京留学期间，他去过上海、南京、西安乃至西藏。

(3) 在日本，大学生乃至中学生，想学汉语的人越来越多。

(4) 唱歌、跳舞、体操、游泳、足球乃至高尔夫，我都喜欢。

【练习】(一) 根据提示内容用“乃至”说一句话。

(1) 神户　广岛　长崎　冲绳　北海道

(2) 麻婆豆腐　青椒肉丝　烤鸭　涮羊肉

(3) 那个歌手很有名

(4) 他工作太忙了

【练习】(二) 用“乃至”完成对话。

A: 你在北京住了两年，对北京一定很了解吧？

B: ______________________________。

A: 你这么喜欢旅行，毕业以后都打算去哪儿？

B: ______________________________。

2. 说起

△说起普京参观少林寺,韩西辰说……

◎解释:放在句首,引出话题。

*解説:文の冒頭で用いて、話題を引き出す。「…の話については」「…のことになると」。

例句:(1)说起那个电影明星,没有人不知道。

(2)说起那件事,人们都还记得很清楚。

(3)说起昨天的活动,大家都还很兴奋。

(4)说起那个地方,给我的印象太深刻了。

【练习】(一)根据提示内容用“说起”说一句话。

(1)王老师

(2)生鱼片

(3)饮食习惯

(4)交通状况

【练习】(二)用“说起”回答问话。

(1)A:你觉得日本的自然环境怎么样?

B:______________________________。

(2)A:他俩的关系不太好,你知道吗?

B:______________________________。

3. 如雨后春笋

△中国武术馆近年来如雨后春笋般冒了出来。

◎解释:比喻新生事物出来的很快很多,做状语时后边常常加“般”或“般地”。

*解説:新たな事物が相次いで出現することの比喩。「雨後の

筍」。連用修飾語として用いる場合は、後に“般”または“般地”を加えることが多い。

例句：(1) 日本最近二十年，汉语学校如雨后春笋，越来越多。

(2) 中日恢复邦交后，建立友好关系的城市如雨后春笋。

(3) 中国改革开放以后，私营企业如雨后春笋般冒了出来。

(4) 近些年，孔子学院在世界各地如雨后春笋般地出现了。

【练习】(一) 用“如雨后春笋”完成句子。

(1) 新学生入学后，各种活动小组(サークル)______________。

(2) 近些年，新的歌手和演员______________。

(3) 在中国，由于经济高速发展，新兴城市______________。

【练习】(二) 用“如雨后春笋”改写句子。

(1) 北京出现了许许多多的新建筑。

______________________________。

(2) 近些年高科技产业发展非常快。

______________________________。

(3) 日本战后建立了许多新大学。

______________________________。

4. 仅……就……

△仅在首都亚的斯亚贝巴，就已经出现了17家……

◎解释：“仅”强调限定的范围，“就”强调发生了什么。

＊解説：“仅”が範囲の限定を強調し、“就”は何かが発生したことを強調する。

例句：(1) 仅两个月就学完了这本教材。

(2) 仅一个人就喝了5瓶啤酒。

(3) 仅生活费，一个月就需要10万日元。

(4) 在北京，仅出租汽车就有六七万辆。

【练习】(一) 用“仅……就……”完成句子。

(1) 他非常喜欢喝酒，______________________________。

(2) 他汉语学得很快，______________________________。

(3) 今天车开得很快，______________________________。

(4) 这儿的物价太贵了，____________________________。

【练习】(二) 用“仅……就……”回答问话。

(1) A: 你觉得在日本留学费用高不高？

B: ________________________。

(2) A: 那个饭馆的菜那么受欢迎吗？

B: ________________________。

(3) A: 听说那个城市交通比较乱，是吗？

B: ________________________。

5. 以便

△……，以便不同宗教、种族和文化背景的加州居民……

◎解释：用在复句中后一分句的开头，表示使下文所说的目的容易实现。

＊解説：複文の後節の冒頭で用いて、以下で述べる目的が容易に実現することを示す。

例句：(1) 路口增加了新的标志，以便人们不走错路。

(2) 外出时一定要带上手机，以便随时与他人联系。

(3) 飞机场有兑换(両替)外币的机器，以便乘客换钱。

(4) 车站里面有商店、饭馆，以便出行的人购物、就餐。

【练习】(一) 用“以便”完成句子。

(1) 图书馆门口放着许多雨伞，______________________。

(2) 同学们都买了电子辞典，______________________。

(3) 教室里挂着中国地图，______________________。

(4) 老师讲了考试的范围、要求，______________________。

【练习】(二) 用“以便”改写句子。

(1) 为了了解中国，他订了中国杂志。

______________________________________。

(2) 为了便于学生上网，教室安装了电脑。

______________________________________。

(3) 为了练习说汉语，我常找中国人聊天儿。

______________________________________。

(4) 为了考出好成绩，我周末一直在复习。

______________________________________。

6. 这样一来

△这样一来，其他国家的人民就有机会通过我们了解中国历史与文化。

◎解释：意思是“这样做了之后”，后边是可能产生的作用或结果。

＊解説：意味は「この(その)ようにした後」であり、後に起こり得

る状況または結果が示される。「こう(そう)すると…」「こう(そう)して…」。

例句：(1) 少林寺拍成了电影，这样一来，全世界都知道了。

(2) 你给大家解释一下，这样一来，大家就没有疑问了。

(3) 赶快送他去医院吧，这样一来，咱们就不用担心了。

(4) 把旧自行车修理一下，这样一来，就不用买新的了。

【练习】用"这样一来"完成对话。

(1) A：天气预报说明今天没雨。

B：____。

(2) A：下个月就要放暑假了。

B：____。

(3) A：小林的病已经治好了。

B：____。

(4) A：你的电脑已经修好了。

B：____。

(5) A：那个公司同意要我了。

B：________________________。

(6) A：我家搬到了地铁附近。

B：____。

综合练习

(一) 听句子填上空白部分。

1. (　　　　)《少林寺》(　　　　)少林功夫(　　　　)。

2. (　　　　)年代初,(　　　　)有外国人(　　　　)。
3. (　　　　)的老外,(　　　　)喜欢(　　　　)少林村。
4. 中国武术馆(　　　　)年来(　　　　)冒了出来。
5. 通过(　　　　)国际学术(　　　　)等(　　　　)少林功夫。
6. 少林功夫是(　　　　)的(　　　　)宝库。

(二) 听后根据课文判断正误,对的画"√",错的画"×"。

1. (　)
2. (　)
3. (　)
4. (　)
5. (　)
6. (　)
7. (　)
8. (　)

(三) 选词填空。

(关注　分散　沟通　拥有　特地　大都　陆续　创办)

1. 会议快要开始了,人们(　　　　)走进了会场。
2. 这个事件影响太大了,引起了全世界的(　　　　)。
3. 那所大学是一位名人(　　　　)的,已有百年历史。
4. 大家刚认识,互相还不太了解,应该加强(　　　　)。
5. 今天是毕业典礼,同学们(　　　　)穿上了漂亮的服装。
6. 同学们毕业后(　　　　)在全国各地,见面机会很少。

7. 中国的西部地区(　　　　　　)丰富的石油和矿产资源。
8. 中国的少数民族(　　　　　　)喜欢奏乐、唱歌、跳舞。

(四) 根据课文内容回答问题。

1. 俄国总统普京为什么来少林寺参观?
2. 村民韩西辰家的房子是怎样利用的?
3. 记者想采访释永信,为什么很难找到他?
4. 释永信率领少林功夫表演团去过哪些国家?
5. 2001年时,欧洲最大的中国寺庙是哪儿?
6. 举出美国的哪些地区有少林寺或少林分馆?
7. 加州众议院为什么要设立“嵩山少林寺日”?
8. 为什么不能只把少林功夫看作一种武术?

(五) 成段表达:看少林影片,谈观后感。

提示:你以前知道少林寺吗?
你是怎么知道少林寺的?
谈谈你所了解的少林寺。
这部电影给了你哪些新知识?
少林寺在中国什么地方?
少林寺为什么闻名天下?
少林寺僧人的武功为什么那么好?
介绍一下日本的少林寺。

知识链接

少林寺

少林寺始建于北魏(wèi)太和十九年(公元495年),由孝文帝拓跋宏(Tuòbá Hóng)为安顿印度僧人跋陀(Bátuó)而依山辟(pì)地创建,因其座落于少室山密林之中,故名“少林寺”。北魏孝昌三年(公元527年)释迦牟尼(Shìjiāmóuní)的第二十八代佛徒菩提达摩(Pútídámó)历时三年到达少林寺,首传禅宗(chánzōng),影响极大。因此,少林寺被世界佛教统称为“禅宗祖庭”,并在此基础上迅速发展,特别是唐初十三棍僧救驾(jiù jià)李世民后,得到了唐王朝的高度重视,博得(bódé)了“天下第一名刹(chà)”的美誉(yù)。现在的少林寺不仅因其古老神秘的佛教文化名扬天下,更因其精湛(jīngzhàn)的少林功夫而驰名中外,“中国功夫冠(guàn)天下,天下武功出少林”。这里是少林武术的发源地,少林武术也是举世公认的中国武术正宗流派。

河南嵩山少林寺

第11课　饮茶可以延长寿命

课前热身

☞ 1. 你们都喜欢喝茶吗？喜欢喝什么茶？
☞ 2. 人们为什么要喝茶？喝茶有哪些好处？

课　文

茶叶不仅有明显的药物作用，而且是比较完美的综合营养剂。*正因如此，茶叶*被称为延年益寿的良方。从古到今人们都盼望长寿，饮茶正是人们寻找到的最有效的长寿良方之一。

唐朝[①]时有位和尚，130多岁了，身体还很健康，满面红光。皇帝知道后，把他叫去问道："你为什么这样健康？有什么仙丹妙药？"和尚答："我特别喜欢喝茶，每到一个地方就找茶，饮百碗也不厌。"皇帝又问："生过病吗？"答："无茶*则病，有茶则安"。老和尚认为饮茶是他的长寿之道。

前苏联阿塞拜疆[②]有一位老人，1967年164岁，仍然健壮，每天在田间劳动5个小时。他长寿的主要原因，也是坚持饮茶。英国布莱顿市[③]有一对高龄孪生姊妹，1983年96岁，身体仍然很健康。庆祝96岁生日时，她们*以茶代酒互相祝贺。记者去采访，问道："二位这样长寿，秘诀是什么？"她们回答："大量饮茶，一天至少喝十杯茶。"

中亚的高加索[④]有个长寿村，有不少百岁以上的老人。1971

年，日本旅游者在那个村看到，130多岁的老翁与88岁的老太婆结婚，而且能生育。报纸曾报道过一个村民，当时135岁了，身体还十分健康，妻子才25岁，是他的第九任妻子。那里人长寿的主要原因是：每家都备有一大缸红茶，无论老幼每天都喝。

福建厦门鸿山寺有一位尼姑，每天早晨以茶代餐，几十年如一日。进寺后从未用过早餐，只是饮茶数杯，到中午才就餐，90多岁了还十分健康。不少人向她求教延年益寿法，她回答："饮茶，素食，无他求。"

孙中山[5]已去世多年，但他的卫士长[6]孙墨佛，*虽100岁高龄，仍步履轻盈，谈笑风生，每日练习书法。人们问他养生之道，他说："我和大家唯一不同之处，可能是爱喝茶，每天都要喝两三次，茶对我来说不可缺少。"1984年他104岁生日时，当众书写了"茶寿"两个大字。他还给人们讲了个故事：乾隆皇帝[7]是清代在位时间最长的皇帝，一生喜欢饮茶，85岁时想退位，大臣们劝他不要退位，国不可一日无君呀。乾隆皇帝幽默地说："君不可一日无茶。"

朱德[8]一生喜欢喝茶，特别喜欢庐山云雾茶，虽一生千辛万苦，仍活到90多岁。他曾写过一首诗，道出了他长寿的秘诀："庐山云雾茶，味浓性泼辣。若得常年饮，延年益寿法。"[9]

茶叶为什么具有延年益寿的作用呢？现代医学研究表明：茶叶中各种成分十分协调，就像配方合理的良药，对人体健康很有益。茶叶中含有的化学成分很多，如蛋白质[10]、氨基酸[11]、糖[12]、脂肪、各种维生素[13]和矿物质等，都是人体必需的。茶叶中也有一些非人体必需的成分，如咖啡碱、茶多酚、脂多糖等，但也都从某个方面对健康有好处，或具有特殊的药物功能。总之，茶叶的药理作用是综合性的，既治病，又养生，这就是饮茶可以延年益寿的根本原因。

（载于“茶文化基地”网，作者：陆戈，有删改）

注释：

① 唐朝：618-907年。中国の歴史上、最も栄えた王朝の一つ。当時、世界で最も強大な国家で、東アジアの新羅・渤海・日本などは、政治体制や文化面において、唐朝から大きな影響を受けた。

② 前苏联阿塞拜疆：旧ソヴィエト連邦のアゼルバイジャン。1991年にソ連の解体にともなって独立し、アゼルバイジャン共和国となる。CISの加盟国。

③ 英国布莱顿市：イギリスのブライトン(Brighton)市。イギリス南部の海岸にあるリゾート地で、「海辺のロンドン」とも呼ばれている。

④ 中亚高加索：旧ソ連のコーカサス地方。

⑤ 孙中山：1866-1925年。孫文(中山は号。字は逸仙)。中国近代の革命家・政治家。清朝を倒した辛亥革命で臨時大総統となる。しばしば日本に亡命したが、その際に、中山樵との偽名を用いたこともある。

⑥ 卫士长：指導者の警護を担当する兵士の責任者。

⑦ 乾隆皇帝：1711-1799年。清朝第6代皇帝。在位期間は60年で、これは中国王朝の歴代皇帝の中で第2位の長さである(最長は祖父である康熙帝の61年)。また、最も長生きした皇帝でもある。

⑧ 朱德：1886-1976年。軍人・政治家。抗日戦では八路軍総司令を務め中国人民解放軍の創始者となる。中国共産党、中華人民共和国の最高指導者の1人。

⑨ “庐山云雾茶，味浓性泼辣。若得常年饮，延年益寿法。”：江西省廬山は雲と霧が多いため、生産される茶は味が濃厚で、もし一年中飲用すれば、寿命を延ばすことができる。

⑩ 蛋白质：英語ではproteinであり、ギリシャ語のproteios(「最も重要」という意味)に由来する。人体に必須の栄養素であり、生命活動におい

て「最も重要」な物質である。

⑪ 氨基酸:アミノ酸。アミノ基とカルボキシル基を含む有機化合物の通称で、蛋白質の主要構成成分。

⑫ 糖:有機化合物の一種で炭水化物をも指す。

⑬ 维生素:ビタミン。“维他命”とも言う。

生　词

1. 明显	míngxiǎn	形	～好转;～提高;进步～;十分～
2. 药物	yàowù	名	～作用;制造～
3. 完美	wánměi	形	做得很～;～的人;～艺术
4. 延年益寿	yánnián yìshòu		喝茶可以～;希望～
5. 良方	liángfāng	名	治病的～;解决问题的～
6. 盼望	pànwàng	动	～放假;～毕业;～回国
7. 寻找	xúnzhǎo	动	～东西;～孩子;～地址
8. 和尚	héshang	名	寺庙里的～;～念经
9. 满面红光	mǎnmiàn hóngguāng		他～,身体健康
10. 仙丹妙药	xiāndān miàoyào		寻找～;没有～
11. 厌	yàn	动	百听不～;百看不～;吃～了
12. 道	dào	名	养生之～;发财之～;成功之～
13. 健壮	jiànzhuàng	形	～的身体;长的很～
14. 田间	tiánjiān	名	～小路;在～劳动
15. 孪生姊妹	luánshēng zǐmèi		她们是～;她俩长得像～
16. 采访	cǎifǎng	动	～运动员;去现场～;接受～
17. 秘诀	mìjué	名	没有～;找到了～
18. 至少	zhìshǎo	副	～休息5天;～吃3个

19. 老翁	lǎowēng	名	80岁的～
20. 老太婆	lǎotàipó	名	那个～；已经成了～
21. 生育	shēngyù	动	～孩子；计划～
22. 报道	bàodào	名、动	新闻～；～事件
23. 备有	bèiyǒu	动	～现金；～药品；～饮料
24. 老幼	lǎoyòu	名	不分～；～皆知
25. 缸	gāng	名	烟灰～；水～；酒～
26. 尼姑	nígū	名	寺庙里的～
27. 从未	cóngwèi	副	～喝过酒；～去过外国
28. 就餐	jiùcān	动	12点～；一起～
29. 请教	qǐngjiào	动	向别人～；～别人
30. 素食	sùshí	名	吃～；～主义者
31. 去世	qùshì	动	已经～；～三年了
32. 步履轻盈	bùlǚ qīngyíng		走起路来～
33. 谈笑风生	tánxiào fēngshēng		大家很高兴，～
34. 书法	shūfǎ	名	他的～很好；喜欢～
35. 不可缺少	bùkě quēshǎo		睡眠～；～的条件
36. 当众	dāngzhòng	动	～表演；～唱歌
37. 故事	gùshi	名	讲～；有意思的～
38. 劝	quàn	动	～他别哭了；要听～
39. 幽默	yōumò	形	～的人；说话很～
40. 千辛万苦	qiānxīn wànkǔ		经历了～
41. 协调	xiétiáo	动、形	～关系；～一下；不～
42. 配方	pèifāng	名	很好的～；找到了～
43. 有益	yǒuyì	形	对身体～；～于健康
44. 必需	bìxū	动	是～的条件；身体之～

45.治病	zhì bìng		~救人;去国外~
46.养生	yǎngshēng	动	~之道;注意~

语言点

1. 正因(为)如此

△正因如此,茶叶被称为延年益寿的良方。

◎解释:强调原因,即“正是因为这样”,此语前是存在的某种情况(条件、原因),后边是带来的结果。

＊解説:「まさにこうなので」と原因を強調する。この語の前には原因や条件などのある種の状况が存在し、後には、それによってもたらされた結果が示される。

例句:(1) 日本是个岛国,正因如此,海洋物产十分丰富。

(2) 中国国土广大,正因如此,各地气候差别很大。

(3) 他学习特别努力,正因如此,进步得非常快。

(4) 他性格好,也会交际,正因如此,朋友很多。

【练习】(一) 用“正因如此”完成句子。

(1) 他很想学好汉语　　　　决定去中国留学

(2) 他喜欢海外旅行　　　　去过许多国家

(3) 他早晨总爱睡懒觉

(4) 他唱歌唱得非常好

【练习】(二) 用“正因如此”完成对话。

(1) A:那位同学经常迟到或不来上课。

B:________________________________。

（2）A：他们两个人从小就互相认识。

B：____。

2. 被称为

△茶叶被称为延年益寿的良方。

＊解説：「…といわれる」「…と称される」。

例句：（1）日本被称为“千岛之国”。

（2）樱花被称为日本的“国花”。

（3）熊猫被称为动物的“活化石”。

（4）苏州、杭州风景秀丽，被称为“人间天堂”。

【练习】（一）用“被称为”完成句子。

（1）富士山　　　　　　　　　　日本“第一高峰”

（2）相扑　　　　　　　　　　　日本的“国技”

（3）万里长城　　　　　　　　　“世界第八奇迹”

（4）青藏高原平均海拔4000米以上　“世界屋脊”

【练习】（二）用“被称为”完成对话。

（1）A: 中华民族与中华文明最早是从黄河流域开始的。

B: 正因如此　　　　　　　“中华民族的摇篮”。

（2）A: 西安是千年古都，地上地下留下了无数文物古迹。

B: 正因如此　　　　　　　“天然的历史博物馆”。

3. ……则……，……则……

△无茶则病，有茶则安。

◎解释：“则”为书面语，在此相当于口语中的“就”，表示条件与结果的关系。“……则……，……则……”表示正反两种情况对比。

＊解說:“则”は文章語。口語の“就”に相当し、条件と結果の関係を示す。“…则…,…则…”は、正反対である二種類の状況の対比を示す。「AならばBだ」、「AすればBだ」。

例句:(1) 学过则会,没学过则不会。

(2) 喜欢则要,不喜欢则不要。

(3) 努力则进步快,不努力则进步慢。

(4) 钱多则买贵的,钱少则买便宜的。

【练习】(一) 根据提示词语,用“……则……,……则……”说一句话。

例:天气 → 天气好则去,天气不好则不去。

(1) 啤酒

(2) 时间

(3) 电车

【练习】(二) 用“……则……,……则……”回答问话。

(1) A:你是不是天天晚上看电视?

B:________________________________。

(2) A:每个星期你都去看棒球吧?

B:________________________________。

(3) A:放暑假后你去海外旅行吗?

B:________________________________。

4. 以……代……

△以茶代酒。

◎解释:用一种事物代替另一种事物。“以”和“代”的后边应是单音节词或双音节词。

＊解説：一種の事物を用いて別の事物に代替させる。"以"と"代"の後は単音節語または複音節語である。

例句：（1）以旧代新。

（2）以水果代饭。

（3）以餐桌代书桌。

（4）以会议室代教室。

【练习】根据提示词语列出"以……代……"句式，并扩展成一句话。

例：车、步 → 以车代步 →

我一直走路上学，最近买了一辆自行车，以车代步。

（1）沙发、床

（2）客厅、卧室

（3）作业、考试

（4）实物、现金

（5）购物券、酬金

（6）运动场、停车场

5. 虽（然）……，仍（然）……

△虽100岁高龄，仍步履轻盈，……。虽一生千辛万苦，仍活到90多岁。

◎解释：前一分句"虽（然）……"说出情况，后一分句"仍（然）……"表示转折。

＊解説："虽（然）……"は状况を提示し、"仍（然）……"が転折示す。「……ではあるけれども、依然として……」。

例句：(1) 爸爸虽发烧了，仍去公司上班。
(2) 虽然下起了雨，球赛仍在进行。
(3) 虽已进入春天，气温仍然很低。
(4) 姐姐虽然结婚了，仍然像个孩子。

【练习】(一) 用“虽(然)……，仍(然)……”完成句子。

(1) 虽然已经上课了，______________________________。
(2) 佐藤虽已40岁了，______________________________。
(3) ______________________________，他仍然不睡觉。
(4) ______________________________，他仍不去医院。

【练习】(二) 用“虽(然)……，仍(然)……”完成对话。

A：现在你的汉语学得怎么样了？
B：______________________________。
A：你要的那种电子词典买到了吗？
B：______________________________。
A：那种电子字典比较贵，是吧？
B：______________________________。

综合练习

(一) 听句子填上空白部分。

1. (　　　　)，茶叶(　　　　)延年益寿的(　　　　)。
2. 你为什么这样(　　　　)？有什么(　　　　)？
3. 老和尚(　　　　)是他的(　　　　)。

4. 中亚的高加索(　　　　　)长寿村,(　　　　　)百岁(　　　　　)的老人。

5. 我和大家(　　　　　)不同(　　　　　),(　　　　　)爱喝茶。

6. (　　　　　),茶叶的(　　　　　)作用是(　　　　　)的,(　　　　　)治病,(　　　　　)养生。

(二) 听后根据课文判断正误,对的画"√",错的画"×"。

1. (　)
2. (　)
3. (　)
4. (　)
5. (　)
6. (　)
7. (　)
8. (　)

(三) 选词填空。

(盼望　当众　协调　千辛万苦　备有　劝　完美　秘诀)

1. 他喜欢吸烟,不喝茶,我(　　　　　)他少吸烟、多喝茶。
2. 提高汉语会话能力,没有什么(　　　　　),只有多听多说。
3. 他是个非常幽默的人,常常(　　　　　)拿自己的事开玩笑。
4. 世界上没有(　　　　　)的人,人人都既有优点也有缺点。
5. 每个同学都(　　　　　)毕业之后能找到一份理想的工作。
6. 父母经历(　　　　　)把我们养育成人,我们要孝敬父母。
7. 夏天,冰箱里(　　　　　)很多饮料,随时都可以喝凉的。

8. 这项活动有各方面的人参加,(　　　　)工作很不容易。

(四) 根据课文内容回答问题。

1. 茶叶为什么被称为延年益寿的良方?
2. 唐朝有位和尚130多岁为什么还那么健康?
3. 记者采访英国高龄孪生姊妹时问了什么? 她们是怎么回答的?
4. 苏联高加索长寿村村民长寿的主要原因是什么?
5. 福建厦门鸿山寺的一位90多岁尼姑早餐吃什么?
6. 人们问孙中山卫士长长寿之道,他是怎样回答的?
7. 朱德道出了他长寿的什么秘诀?
8. 茶叶中含有哪些人体必需的化学成分?

(五) 成段表达:谈谈喝茶与喝酒。

提示: 你以前喜欢喝茶吗? 现在呢?
你为什么喜欢(或不喜欢)喝茶?
你喜欢喝什么茶?(乌龙茶、茉莉花茶、龙井茶、红茶、麦茶……)
为什么喝茶有益于身体健康?
介绍一下你自己或家人的饮茶习惯。

提示: 你喜欢喝酒吗? 喜欢喝什么酒?(啤酒、日本酒、葡萄酒……)
你喜欢喝什么其他饮料?(可口可乐、雪碧、矿泉水、果汁……)
你认为喝酒有好处吗? 为什么?

提示：请把你喜欢或不喜欢喝茶和喝酒的理由写在如下表格中：

	喜欢的理由	不喜欢的理由
喝茶	1. 2. 3. 4.	1. 2. 3. 4.
喝酒	1. 2. 3.	1. 2. 3.

知识链接

中国茶的种类

1. 绿茶：是产区最广、产量最多的一类茶。主要有西湖龙井、贵州毛尖(jiān)、江苏碧螺春(bìluóchūn)、四川蒙顶甘露、庐山云雾茶、安徽敬亭绿茶。
2. 红茶：属于全发酵(fājiào)茶，是中国的第二大茶类。主要有祁(qí)门红茶、滇(diān)红、云南红碎茶、福建小种红茶。
3. 青茶：即乌龙茶，是绿、红茶加工技术的结合，是半发酵茶。代表品种有武夷(yí)岩茶、水仙、大红袍，安溪(xī)铁观音，冻顶乌龙。
4. 白茶：是不发酵茶类。因茶树品种不同分为大白、水仙白、小白，福建白毫银针、白牡丹。

5. 黑茶：属于后发酵茶，是中国特有的茶类。主要有湖南黑茶、湖北老青茶、四川边茶、云南普洱茶。
6. 黄茶：属于轻微发酵茶。代表品种有君山银针、蒙顶黄芽、黄大茶。
7. 花茶：是用茶叶和香花进行混合窨(xūn)制而成。主要有茉莉花茶。
8. 紧压茶：代表品种有重庆沱(tuó)茶、湖北青砖茶。

西湖龙井茶园

第12课　金秋园里的中日情

课前热身

☞ 1. 你们家里有老人吗？生活情况怎么样？

☞ 2. 日本有没有老人问题？是怎么解决的？

课　文

在景山公园[①]和北海公园[②]之间，有一片平房。狭窄的胡同，灰黑色的砖瓦，散发着北京悠久的历史气息。这里有个名为金秋园的敬老院[③]，生活着30多位老人，平均年龄80岁，最年长者95岁。

今天是星期三，金秋园里笑声阵阵，老人们和十几位日本女士唱起了歌。日本女士们用汉语和老人们交流，有的老人听力不好，她们便凑到老人耳旁讲话。她们还一起做游戏，每位老人都得到了一份精美的礼物。

这是由日本人会妇女会组织的敬老活动，参加者有家庭主妇，有公司职员，还有留学生。她们为何要到敬老院来？妇女会会长柳冈美子说："随着中日经济往来的增多，许多日本人常驻北京。工作之余，大家都盼望能和普通中国人交流，同时为他们做一些力所能及的事。中国已步入老龄社会，我们很想为老人们提供一些帮助。"

对于金秋园敬老院来说，平日来服务的志愿者不少，有附近的中小学生，也有零散的外国友人，而日本人会的志愿者们始终坚持着。敬老院院长吴士珍说："自2005年夏天以来，每月第二周的星期三，她们都会来，从未间断。而且，*每次活动她们都做了充分准备。比如，这次要唱哪首歌，她们就会带来歌词发给老人。活动道具、礼物不用说，*就连上次活动拍的照片，她们也会洗好分送给老人。"*如果天气好，她们还会推着轮椅，陪老人们到北海公园散步。日本女士们来的这一天，已成为老人们盼望的日子。

北京日本人会自1989年成立以来，组织过不少公益活动：植树、慈善义卖等。敬老活动的负责人柳冈美子、梅野茜、浦田启子，都是全职主妇，虽然家务繁忙，但为了搞好每次活动，她们总会抽出时间，进行周密的策划和准备。其他志愿者积极参与，有的为老人们做特色食品，有的还把孩子的二胡老师请到敬老院，让老人们点想听的乐曲……

虽然每次敬老活动只有半天时间，但同老人们的交流非常开心。柳冈女士现在还记得第一次来金秋园时的情形。她说："作为日本人，我非常担心这里的老人们会拒绝我。但是，当看到老人们的笑脸时，我的心一下子就放松了。和老人们聊天时，他们主动地与我们说话，仿佛一见如故。"梅野茜说："*比起日本老人，中国老人更开朗，容易沟通。他们会自然地说起自己的家庭、子女，还从抽屉里拿出孩子的照片给我们看。"浦田启子曾去过日本的敬老院，她说："*和日本的敬老院比起来，中国的敬老院有更多的亲情。"

在交流中，日本志愿者们的细心和热情，也给老人们留下了深刻印象。86岁的林老太太说："日本朋友热情，有爱心，我们都欢迎她们常来，她们给我们带来了欢乐。"74岁的黄莲说："她们都很有礼貌，很亲切。”

有些老人虽年龄很高，但仍关心时事政治。2006年，安倍晋三当选日本首相后，一位老人对日本朋友说：“现在日本首相换人了，我们应该继续好好相处下去。”85岁的赵老太太对记者说：“历史已经过去了，过去不能代表现在，人还要往前看。”

柳冈美子说：*每当看到这些老人的时候，我就会想到远在日本的母亲，自己为中国老人们付出了爱，同时也会更爱自己的母亲。

（改编自2007年4月28日中国网，原载于《人民中国》，作者：王浩）

注释：

① 景山公园：北京中心部（故宮の北）にある有名な公園。小山の上から故宮を望むことができる。

② 北海公园：北京中心部（故宮の北西）にある有名な公園。湖と小島に立つ白塔の対比が美しい。

③ 敬老院：養老院、老人ホームのこと。

生　词

1. 狭窄	xiázhǎi	形	～的街道；～的房间
2. 胡同	hútòng	名	小～；北京的～很有名
3. 砖瓦	zhuānwǎ	名	用～盖的房；～房
4. 散发	sànfā	动	～着香味儿；～宣传品
5. 气息	qìxī	名	泥土～；春天的～
6. 阵	zhèn	量	一～大风；一～暴雨
7. 凑	còu	动	～到面前；～过去；～钱
8. 耳旁	ěrpáng	名	音乐在～回响

9. 游戏	yóuxì	名	玩～；做～；～机
10. 精美	jīngměi	形	～的工艺品；～的画册；制作～
11. 之余	zhī yú		学习～；工作～
12. 力所能及	lìsuǒnéngjí		～地帮助别人
13. 步入	bùrù	动	～会议室；～会场；～大厅
14. 志愿者	zhìyuànzhě	名	报名作～；成为～
15. 零散	língsǎn	形	～的东西；～人员
16. 间断	jiànduàn	动	不～地工作；不要～
17. 首	shǒu	量	一～诗；一～歌
18. 发	fā	动	～工资；～东西；～短信
19. 分送	fēnsòng	动	～礼物；～纪念品
20. 轮椅	lúnyǐ	名	坐～；推～
21. 陪	péi	动	～朋友参观；～客人吃饭
22. 义卖	yìmài	动	举行～活动
23. 繁忙	fánmáng	形	工作～；～的一天
24. 总会	zǒng huì		雨～停的；他～来的
25. 抽(时间)	chōu	动	～时间；～空儿；～机会
26. 策划	cèhuà	动	～晚会；～一个活动
27. 参与	cānyù	动	～策划；～研究；～制作
28. 点(歌)	diǎn	动	～菜；～歌；～名
29. 记得	jìde	动	～那件事；～那个人；不～
30. 情形	qíngxing	名	看～再说吧；～不好
31. 担心	dānxīn	动	～生病；～考不好；不用～
32. 拒绝	jùjué	动	～邀请；～回答；被～
33. 一下子	yīxiàzi	副	天～冷了；他～摔倒了
34. 放松	fàngsōng	动	精神～；请～，不要紧张
35. 主动	zhǔdòng	形	～帮助别人；他很～

36. 仿佛	fǎngfú	副	~回到了家；~真的一样
37. 一见如故	yījiàn rúgù		虽然是初次见面，但~
38. 开朗	kāilǎng	形	性格~；她很活泼~
39. 抽屉	chōuti	名	打开~；放在~里
40. 亲情	qīnqíng	名	割不断的~
41. 细心	xìxīn	形	工作~；~地观察；~的人
42. 深刻	shēnkè	形	认识~；印象~；思想~
43. 礼貌	lǐmào	名、形	讲~；有~；懂~
44. 亲切	qīnqiè	形	~地问候；感到很~
45. 相处	xiāngchǔ	动	~得很好；朝夕~；友好~
46. 付出	fùchū	动	~心血；~劳动；~代价

语言点

1. 每+量词……都……

△每次活动她们都做了充分准备。

◎解释：表示其中没有例外。

＊解説：例外がないことを示す。

例句：(1) 爸爸每天下班回来都要喝啤酒。

(2) 这两个足球队的比赛每场他都看。

(3) 我每个星期天都去电影院看电影。

(4) 每年除夕NHK电视台都有红白歌大战。

【练习】(一) 根据提示内容，用“每+量词……都……”说一句话。

(1) 教室　　坐满了学生

(2) 书架　　有很多书

(3) 讨论会　　积极发言

(4) 运动会　　　　参加比赛

(5) 冬天　　　　　滑雪(スキー)

【练习】(二) 用"每+量词……都……"完成对话。

A: 你们班谁看过中国电影《少林寺》?

B: ______________________________。

A: 到电影院看电影是和同学一起去吗?

B: ______________________________。

A: 看过的中国电影中你最喜欢哪一部?

B: ______________________________。

2. 就连……也……

△就连上次活动拍的照片,她们也会洗好分送给老人。

◎解释:"就连"强调条件和让步,"也"强调没有例外。

*解説:"就连"は条件や讓步を強調し、"也"は例外がないことを強調する。「…さえも」「…すら」「…までも」。「连……也……」よりも強い表現となる。

例句:(1) 就连小孩儿也都知道这件事。

(2) 就连老人也很关心中日关系。

(3) 就连很难的问题他也能回答。

(4) 就连星期日他也不停止工作。

【练习】分别从A和B中选择短语,用"就连……也……"连成一句话。

A	B
那么简单的事情	不够了

下雨天气	开着手机
附近的公园	没下雪
买车票的钱	带上小玩具
最冷的地方	没进去过
睡觉的时候	喜欢吃生鱼片
出去旅行	不愿意做
许多中国人	出去散步

3. 如果……还……

△如果天气好，她们还会推着轮椅，陪老人们到北海公园散步。

◎解释：“如果”是假设条件，“还”为不变或追加事项。

＊解説：“如果”は仮定・条件を導き、“还”は不変または追加の事項を示す。「もし…ならば、また（やはり）…」。

例句：（1）周末如果不下雨，我还去打棒球。

（2）如果不注意锻炼身体，还会生病。

（3）如果有机会，我还想去中国旅行。

（4）你如果有困难，大家还会帮助你。

【练习】分别从A和B中选择短语，用“如果……还……”连成一句话。

A	B
继续努力	继续扩大
这次去不了	马上通知你
感兴趣的话	向你请教
矛盾不解决	去那儿
搞不明白	请你来参加

有新的消息	有机会
又好又便宜	取得好成绩

4. 比起;和……比起来

△比起日本老人,中国老人更开朗,容易沟通。

和日本的敬老院比起来,中国的敬老院有更多的亲情。

◎解释:表示比较。

*解説:比較を示す。「…より」「…に比べると」。

例句:(1) 比起昨天,今天热多了。

(2) 和昨天比起来,今天热多了。

(3) 比起中国,日本的人口少多了。

(4) 和中国比起来,日本的人口少多了。

【练习】(一) 分别从A和B中选择短语,用"比起"或"和……比起来"连成一句话。

A	B
这篇课文	北京的冬天
那个教室	中国的面积
东京的冬天	这个教室
日本的面积	那篇课文

【练习】(二) 用"比起"或"和……比起来"完成对话。

A: 你的汉语说得真不错呀!

B: ______________________________。

A: 汉语好学还是英语好学?

B: ______________________________。

A：这种电子词典很好用吗？

B：＿＿＿＿＿＿＿＿＿＿＿＿＿＿＿＿＿＿＿＿＿＿＿＿＿＿＿＿＿＿＿＿＿。

A：这种电子词典便宜不便宜？

B：＿＿＿＿＿＿＿＿＿＿＿＿＿＿＿＿＿＿＿＿＿＿＿＿＿＿＿＿＿＿＿＿＿。

5. 每当……的时候，就会……

△每当看到这些老人的时候，我就会想到远在日本的母亲。

◎解释：表示每到那样的时候就会发生后边的现象，没有例外。

＊解説：例外なく毎回生じることを示す。「いつも……に当たっては、必ず……」

例句：（1）每当弟弟生日的时候，我就会送给他礼物。

（2）每当学习遇到问题的时候，我就会请教老师。

（3）每当樱花盛开的时候，公园里的人就会特别多。

（4）每当期末考试结束的时候，我们就会一起吃饭。

【练习】分别从A和B中选择短语，用“每当……的时候，就会……”连成一句话。

A	B
节假日	感冒
心情不好	帮助
这些孩子	听听音乐
天气降温	许多人来听
时事讲座	自己小的时候
遇到困难	交通拥挤（渋滞）

综合练习

(一) 听句子填上空白部分。

1. (　　　)景山公园(　　　　)北海公园(　　　　)有(　　　)平房。
2. (　　　)老人(　　　　)得到了(　　　　)精美的(　　　)。
3. (　　　)中日往来(　　　　),(　　　　)日本人(　　　)北京。
4. 日本人会(　　　　)成立(　　　　),组织(　　　　)不少(　　　)活动。
5. (　　　)老人们(　　　),他们(　　　)与我们说话。
6. (　　　)老人(　　　　)年龄(　　　),(　　　)关心(　　　)政治。

(二) 听后根据课文判断正误,对的画"√",错的画"×"。

1. (　)
2. (　)
3. (　)
4. (　)
5. (　)
6. (　)
7. (　)
8. (　)

（三）选词填空。

（繁忙　策划　力所能及　付出　一下子　精美　相处
散发）

1. 这是一件制作十分（　　　　）的工艺品，价钱比较贵。
2. 回到家里，妈妈正在做饭，锅里（　　　　）出了香味儿。
3. 最近爸爸工作非常（　　　　），每天都很晚才回到家。
4. 他们两个人一直（　　　　）得很好，从来没有闹过矛盾。
5. 这次活动主要是铃木同学（　　　　）的，其他同学协助。
6. 不要着急，只要你（　　　　）了劳动，就一定会有收获。
7. 收到东京大学的入学通知，她高兴得（　　　　）跳了起来。
8. 我只是做了一点（　　　　）的事情，大家不用这么表扬我。

（四）根据课文内容回答问题。

1. 参加敬老活动的日本人都是些什么人？
2. 这些日本妇女为什么要到金秋园来？
3. 她们的敬老活动何时开始的？每星期都来吗？
4. 她们来金秋园主要做些什么事情？
5. 来金秋园之前，她们怎样做准备工作？
6. 柳冈女士第一次来金秋园时担心什么？
7. 梅野女士对中国老人有什么突出感觉？
8. 日本志愿者给老人们留下了什么印象？

（五）成段表达：谈谈日本的老人问题。

提示：你家有没有老人？多大年纪了？
　　　他（们）是单独生活还是跟孩子在一起？

他(们)的生活有没有问题？什么问题？
你家是怎么让老人生活得安心、愉快的？
当今日本社会中存在着哪些老人问题？
在日本有哪些专为老人的政策和措施？
你认为应该怎样很好地解决老人问题？
请介绍介绍日本敬老院的情况。

知识链接

中国老龄事业发展基金会

中国老龄事业发展基金会(CADF)是民政部和全国老龄办领导下的为全国老年人服务的民间慈善(císhàn)组织，是独立的社团法人。它的前身是中国老年基金会，成立于1986年5月。

宗旨：孝行天下，构建和谐(xié)。以老年人为本，全心全意为老年人服务，并呼吁社会共同尊重、关心和帮助老年人。

任务：广泛接受海内外政府和民间组织的捐赠(juānzèng)；创建并管理旨在支持和推进中外老龄事业发展的基金，拓展(tuòzhǎn)国际间老龄事业的合作与交流。凭借(píngjiè)国家给予的各种优惠政策与有共同志向的海内外企业、个人及社会团体合作，发展老龄事业，创造经济价值回报社会造福人类；资助贫困老人，不断改善和提高老年人的生活质量，促进社会和谐发展。

第13课　阿倍仲麻吕在长安

课前热身

☞ 1. 大家知道阿倍仲麻吕这个历史人物吗？哪位同学能说一说？

☞ 2. 阿倍仲麻吕为什么要去中国留学？为什么最后没回到日本？

课　文

阿倍仲麻吕(698—770)是中日文化交流先驱者之一。他出生在奈良附近的一个中等贵族家庭，从小聪明好学，羡慕中国唐朝文化。

八世纪初，中国正当唐朝盛世，社会安定，经济繁荣，文化发达。而日本*刚刚进入封建社会，非常希望学习中国的先进制度与文化，不断派遣唐使和留学生去中国。

公元717年，阿倍仲麻吕作为留学生来到了唐朝首都长安。他看到长安辉煌的宫殿，热闹的街市，发达的文化，非常高兴。仲麻吕进入太学[①]学习，先识字，然后学作诗文，读儒学经典，研习各种专门知识。经过五六年的努力，仲麻吕完成了全部学业，在唐朝的科举考试[②]中，以优异成绩考上了进士[③]。而后，仲麻吕担任司经局校书(图书员)，陪同皇太子学习；公元731年，担任左拾遗(谏官[④])；后又被提升4级，任左补阙[⑤]。左补阙是皇帝的侍从官[6]，能经常在兴庆宫见到皇帝。唐玄宗[7]很欣赏仲麻吕的才能，给他起了个中国名字叫"晁衡"。仲麻吕在日本就能做和歌与汉诗，到中国后*通过直接学习唐文化，诗歌技巧更成熟。当时长安有许多著名诗人，仲麻吕与李白、王维、储光羲等友谊很深。

公元734年，阿倍仲麻吕到中国已经17年，思念家乡，向朝廷提出归国要求，*由于玄宗皇帝挽留，他的愿望没有实现。公元752年10月，仲麻吕终于获得批准回国。唐朝廷及诗友们为他举行了盛大送别宴会。李白因已离开长安旅游未能出席。王维、储光羲及各国使节都来送行。唐玄宗为送别仲麻吕，专门作了一首诗，仲麻吕十分感激，也作诗回赠，还把自己心爱的宝剑从身上摘下，赠给中国诗友作为纪念。

随后，阿倍仲麻吕等一行四条船驶入大海。当航行到阿尔奈波（今冲绳）时，遭到台风袭击，其他三船后来各自回到日本，只有仲麻吕的船杳无音信。人们认为仲麻吕已经遇难，消息很快传到了唐朝。正在苏州的李白听到消息后极其悲痛，写了一首诗《哭晁卿衡》："日本晁卿辞帝都，征帆一片绕蓬壶[8]。明月不归沉碧海，白云愁色满苍梧。"意思是：晁卿告辞都城长安，乘船驶入大海回国。像明月一样的朋友沉进了大海，带着愁色的白云遮满了苍梧山。

其实阿倍仲麻吕并没有遇难，他乘的那只船漂流到了现今越南的海岸。公元755年6月，他历尽艰险又回到了长安。

公元755年冬，唐朝发生安禄山[9]叛乱，阿倍仲麻吕跟随着唐玄宗四处避难，*直到安禄山被杀后，才于公元757年12月回到长安。后来，仲麻吕担任了左散骑常侍[10]、镇南都护[11]等职。公元766年，仲麻吕被唐代宗任命为安南节度使[12]。但是，他上任不久便患了重病，于公元770年1月病逝，并埋葬在长安，唐代宗追赠他“璐州大都督”⑬的称号。

阿倍仲麻吕在中国生活了53年之久，为中日友好和文化交流做出了重要贡献。为了纪念这位中日文化交流的先驱者，1978年，西安、奈良两座友好城市分别建造了阿倍仲麻吕纪念碑。西安的纪念碑坐落在当年兴庆宫的遗址上(今兴庆宫公园内)。碑上刻着李白的《哭晁卿衡》和仲麻吕的《望乡诗》，还有记载着仲麻吕一生的碑文。

（改编自2007年6月4日西安新闻网，作者：董长君）

注释：

① 太学：中国の各王朝が首都に設立した官吏養成に向けた最高学府。

② 科举考试：隋・唐代から清代までの封建王朝で実施された、経典・詩文などの試験を通じた官吏およびその予備人員の選抜制度。

③ 进士：隋・唐代の科挙試験では進士科が設けられ、それに合格し採用された後に進士となった。明・清代の時期には、皇宮で実施される「殿試」に合格し採用された人が進士となり、その中の第1位を「状元」、第2位を「榜眼」、第3位を「探花」と称した。

④ 谏官：中国古代において、皇帝の過失に対して諫言してその過ちを正させたり、国家の政務に対して批判や建議を提起する職務の官吏。

⑤ 左补阙：唐代の「諫官」の職称の一つ。

⑥ 侍从官：皇帝の身辺にあって、皇帝に直接仕えながらその護衛を行なう職務の官吏。

⑦ 唐玄宗：685—762年。玄宗、原名は李隆基、唐王朝第6代皇帝、唐明皇とも言う。文武に才覚があり、玄宗が皇帝だった開元時期には、文治・武功ともに隆盛し唐王朝を中興させたので、「開元の治」と称された。玄宗とその愛妃・楊貴妃の物語は広く伝わっている。

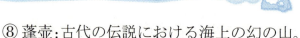

⑧ 蓬壶:古代の伝説における海上の幻の山。

⑨ 安禄山:705—757年。営州(現在の遼寧省朝陽県)の人。755から763年まで、史思明とともに地方割拠勢力の中央権力に対する反乱を起こした。「安史の乱」と称され、唐王朝の盛から衰への転換点となった。

⑩ 左散骑常侍:唐代の官職。皇帝に対してその過失を諫言する、皇帝付きの顧問。

⑪ 镇南都护:鎮南は古代の地名で。現在のベトナム領内で、唐代にはその地に都護府(辺境に置く官庁)を設置した。都護は都護府の長官で、当地の最高権力者。

⑫ 安南节度使:安南は現在のベトナム。節度使は、唐代より設置された地方の軍政長官。当初は主として軍事と外敵からの防御を主管したが、後にはその地域の軍・民・財・政の大権を一手に握るようになる。

⑬ 璐州大都督:璐州は、現在の山西省長治県。大都督は、漢代末期から三国時代に形づくられた軍事に関わる官職。後には職権が拡大して、地方の軍事長官の職務に相当する。

生 词

1. 聪明	cōngmíng	形	~的孩子;他很~
2. 好(学)	hào	动	~玩游戏;~看小说;~旅游
3. 羡慕	xiànmù	动	~别人;被人~;令人~
4. 正当	zhèngdāng	动	~我离开家的时候,下起了雨
5. 盛世	shèngshì	名	那是个~;太平~
6. 辉煌	huīhuáng	形	成就~;~的业绩;~的建筑
7. 街市	jiēshì	名	热闹的~;~繁华
8. 研习	yánxí	动	~茶道;~书法

9. 学业	xuéyè	名	完成～；～有成；专心～
10. 优异	yōuyì	形	成绩～；～的成绩
11. 陪同	péitóng	动	～父母参观；～人员
12. 提升	tíshēng	动	地位～；～国力
13. 才能	cáinéng	名	增长～；发挥～；很有～
14. 技巧	jìqiǎo	名	～很高；很有～
15. 成熟	chéngshú	形	开始～；～起来；变得～了
16. 思念	sīniàn	动	～家乡；～父母；～亲人
17. 家乡	jiāxiāng	名	热爱～；回到～
18. 挽留	wǎnliú	动	～客人；拒绝～
19. 终于	zhōngyú	副	～学会了；～成功了；～结束了
20. 获得	huòdé	动	～表扬；～好成绩；～丰收
21. 批准	pīzhǔn	动	获得～；被～了
22. 送行	sòngxíng	动	为朋友～；去机场～
23. 专门	zhuānmén	副、形	～来学汉语；～人才
24. 回赠	huízèng	动	～给朋友礼物
25. 心爱	xīn'ài	形	～的汽车；～的玩具；～的东西
26. 摘	zhāi	动	～眼镜；～帽子；～苹果
27. 随后	suíhòu	副	～就到；～就感冒了
28. 驶（入）	shǐ	动	～入车站；～进港口；～向飞机场
29. 袭击	xíjī	动	～敌人；遭到～；突然～
30. 杳无音信	yǎo wú yīnxìn		出国后～；走了以后～
31. 悲痛	bēitòng	形	十分～；～万分
32. 告辞	gàocí	动	我该～了；向大家～
33. 沉（进）	chén	动	～进湖底；～下去了
34. 愁色	chóusè	名	面带～；～满面

35. 遮(住)	zhē	动	云～住太阳;树～住阳光
36. 遇难	yùnàn	动	地震中～;不幸～
37. 历尽	lìjìn	动	～辛苦;～风险
38. 艰险	jiānxiǎn	形	不怕～;历尽～
39. 叛乱	pànluàn	动	发生～;平定～;～分子
40. 上任	shàngrèn	动	新校长～;新官～;刚～
41. 患(病)	huàn	动	～上了疾病;～了感冒
42. 追赠	zhuīzèng	动	～牺牲的军人为烈士
43. 分别	fēnbié	副	～去了两个地方;～找一找
44. 坐落	zuòluò	动	图书馆～在校园中央
45. 记载	jìzǎi	动	史书上～着他的功绩

语言点

1. 刚刚

△日本刚刚进入封建社会。

◎解释:这里与“刚”相同,更强调行动或情况发生在不久之前。

＊解説:ここでは「刚」と同じだが、行動または状況が発生して間がないことを示す。

例句:(1) 我刚刚走进教室,外边下起了雨。

(2) 我刚刚躺在床上,电话响起来了。

(3) 他们刚刚来到日本,哪儿都不熟悉。

(4) 大家刚刚大学毕业,都没有工作经验。

【练习】(一) 用“刚刚”完成句子。

(1) ____________,他也进来了。

(2) ____________,路上全是水。

(3) ____________，还没刷牙呢！

(4) ____________，还没坐下呢！

(5) ____________，正准备去看你呢！

(6) ____________，大家都还很兴奋。

【练习】(二) 用“刚刚”完成对话。

A：你现在在哪儿呢？

B：____。

A：咱们一起去吃饭吧！

B：____。

2. 通过

△通过直接学习盛唐文化，诗歌技巧更成熟。

◎解释：以人或事物为媒介或手段达到某种目的或效果。

*解説：人または事物を媒介ないし手段として、ある種の目的または効果に到達することを示す。「…を通じて」「…を通して」。

例句：(1) 通过老师的讲解，这个问题我懂了。

(2) 通过努力，他终于实现了自己的愿望。

(3) 我通过这件事，明白了怎样与他人合作。

(4) 大家通过不断地学习，知识越来越丰富。

【练习】(一) 用“通过”完成句子。

(1) ____________，他的病终于好了。

(2) ____________，他的身体健康多了。

(3) ____________，大家的关系越来越好。

(4) 这个问题____________，越来越清楚了。

【练习】(二)用"通过"完成对话。

A:听说你的自行车坏了,不能骑了。

B:______________________________。

A:你是怎么找到修自行车的地方的?

B:______________________________。

3. 由于

△由于玄宗皇帝挽留,他的愿望没有实现。

◎解释:表示原因或理由,与"因为"意思相同,但是后边不用"所以"呼应。

*解説:原因または理由を示す。「因为」と意味は同じだが、後で「所以」を用いて呼応しない。「…により」「…によって」。

例句:(1)由于下雨,今天的运动会停止了。

(2)由于起床晚了,第一节课迟到了。

(3)少林寺由于有名,参观的人很多。

(4)北京由于人和车太多,交通拥挤。

【练习】(一)用"由于"完成句子。

(1)______________,我们很少见面。

(2)______________,他经常很晚回家。

(3)______________,比赛取得了胜利。

(4)______________,互相联系很方便。

【练习】(二)用"由于"完成对话。

A:昨天晚上你去看电影了吗?

B:______________________________。

A：我发的电子邮件你收到了吗？

B：______________________________。

4. 直到……才……

△直到安禄山被杀后，才于公元757年12月回到长安。

◎解释：表示事情发生的很晚，“直到”强调时间或程度，“才”强调发生的事情。

＊解説：事柄の発生が時間的にかなり遅いという気持ちを示す。“直到”は時間または程度を強調し、“才”が発生した事情を強調する。

例句：（1）这件事直到今天我才知道。

（2）我昨晚看电视，直到1点才睡觉。

（3）直到上课之前，我才把作业做完。

（4）他感冒发烧，直到38度才去了医院。

【练习】（一）根据提示内容，用“直到……才……”说一句话。

（1）昨天　　　　去中国留学

（2）今天　　　　他俩是一家人

（3）问了本人之后　　　　旷课的原因

（4）调查完了以后　　　　事情的真相

【练习】（二）用“直到……才……”完成对话。

（1）A：今天你怎么来得这么晚呀？

B：______________________________。

（2）A：你们俩是什么时候认识的？

B：______________________________。

综合练习

(一) 听句子填上空白部分。

1. 阿倍仲麻吕(　　　　)留学生(　　　　)唐朝(　　　　)长安。
2. (　　　　)唐朝科举考试(　　　　),他(　　　　)优异成绩(　　　　)进士。
3. 唐玄宗(　　　　)阿倍仲麻吕,(　　　　)作了(　　　　)。
4. 李白(　　　　)阿倍仲麻吕(　　　　)的(　　　　)后极其(　　　　)。
5. 仲麻吕于(　　　　)1月病逝,(　　　　)长安。
6. 仲麻吕(　　　　)中日友好(　　　　)文化交流(　　　　)重要(　　　　)。

(二) 听后根据课文判断正误,对的画"√",错的画"×"。

1. (　)
2. (　)
3. (　)
4. (　)
5. (　)
6. (　)
7. (　)
8. (　)

（三）选词填空。

（优异　成熟　羡慕　思念　分别　挽留　辉煌　袭击）

1. 东京的夜晚，灯火（　　　），非常漂亮。
2. 受到强烈台风的（　　　），财产损失很大。
3. 他以（　　　）成绩，考进了一所名牌大学。
4. 来到国外以后，（　　　）亲人，每天打电话。
5. 上了大学以后，他一点一点变得（　　　）了。
6. 他拒绝了公司的（　　　），自己开了个商店。
7. 新年到了，我（　　　）给朋友们发了贺年卡。
8. 久美子汉语说得那么流利，真令人（　　　）。

（四）根据课文内容回答问题。

1. 阿倍仲麻吕出生于哪儿？哪年去了中国？
2. 阿倍仲麻吕为什么去中国唐朝长安留学？
3. 阿倍仲麻吕到了唐朝首都长安感觉如何？
4. 阿倍仲麻吕在长安都做了一些什么事情？
5. 仲麻吕公元734年为什么提出归国要求？
6. 仲麻吕归国时，唐朝廷和诗友们是怎样送别的？
7. 仲麻吕为什么最终没有回到日本，留在了中国？
8. 西安、奈良利用什么形式永远纪念阿倍仲麻吕？

（五）成段表达。

1. 试述阿倍仲麻吕留学中国的故事。

提示：出生在　羡慕唐朝文化　学业优异　担任高官
　　　中国名字　友谊很深　思念家乡　挽留　送别

驶入大海　历尽艰险　跟唐玄宗避难　被任命为
患了重病　纪念碑

2. 谈谈个人的国外留学或旅行经历。
提示：你去国外留学或旅行过吗？
什么时候？去了什么地方？
请谈谈具体的经历与感受？
你如何评价阿倍仲麻吕这个历史人物？

知识链接

鉴真东渡

鉴(jiàn)真是中国唐代高僧(sēng)。俗姓淳于，扬州人，14岁出家大云寺，18岁时，由应邀来扬州的南山律宗开创人道岸律师授菩萨戒。27岁，回扬州大明寺。在唐天宝年间屡(lǚ)次尝试东渡赴日，10多年间共有6次，直到天宝十二年(公元753年)第六次东渡才获成功。鉴真带去很多佛经和医书到日本。他主持重要佛教仪式，系统讲授佛经，成为日本佛学界的一代宗师。他指导日本医生鉴定药物，传播唐朝的建筑技术和雕塑(diāosù)艺术，设计和主持修建了唐招提寺。这座以唐代佛殿结构为蓝本建造的寺庙是世界的一颗明珠，保存至今。鉴真死后，其弟子为他制作的坐像。至今仍供奉(gòngfèng)在寺中，被定为国宝。

第14课　我与改革开放共成长

课前热身

☞ 1. 大家知道中国的改革开放是什么时候开始的吗？
☞ 2. 谁能说说中国改革开放后发生了哪些巨大变化？

课　文

我1987年出生在广东农村，*转眼之间已经21岁。21年来，我生活在改革开放的阳光下，看到了祖国翻天覆地的变化，经历过重大喜事带来的激动和兴奋。

自己还是小孩儿的时候，就经常听大人们说改革开放。但是，我不懂得什么是改革开放，也不能体会改革开放带来的变化。如今回想起来，印象最深的就是家乡的变化了。我小的时候，村子前面是一大片土岗，长着很多野树和杂草，夏天我和伙伴们经常去摘野果，抓鸣蝉，捉迷藏……。可是不久，那里的野树和杂草全部被清除了，种上了各种各样的果树。而且，仅有的一条羊肠小路，变成了宽阔的水泥大道，可以与国道相通。后来我才知道，那都是国家改革开放政策带来的变化。

更令人感叹的是，改革开放后的今天，我们村原来的茅草房都消失了，就连一些瓦房也不见了，代替那些旧平房的是新盖的一栋栋楼房。原来家里有一辆自行车都觉得十分自豪，如今家家都有了摩托车。而且，恐怕没有哪家没有电话和手机，买电脑

的家庭也越来越多了。*总之，家乡的生活条件变得越来越好。

改革开放完全改变了家乡的面貌，更使国家发生了翻天覆地的变化。

从我懂事开始，中国发生了许多大事，每件大事都让我激动，让我欢呼。香港还没有回归的时候，对于我们这些小孩儿，那*只不过是听说和梦想。1997年7月1日到来，我已经是小学四年级学生，和同学们也一起上街游行，高呼“庆祝香港回归”的口号。那一天，每个中国人都兴奋*极了，欢乐的人群，喧腾的锣鼓，五彩缤纷的礼花……是我一生也难忘的景象。香港回归，中华民族洗掉了百年耻辱，标志着祖国正在*一天比一天繁荣富强。

香港回归之后两年，1999年12月20日，澳门[①]也顺利回归，祖国统一大业又前进了一大步。那一年的10月1日，是共和国诞生50周年纪念日，北京天安门前举行了盛大的阅兵式，接受检阅的阵容是那么威武壮观。

2001年，我上了初中二年级。新千年之始[②]成为“中国年”，7月13日申奥[③]成功，接着，10月20日加入世贸[④]，可以说喜事连连。我和同学们又是一次次地激动和欢呼。今年，中国加入世贸已经七年，抓住了大好机会，也战胜了种种挑战，经济、外贸等方面取得了举世瞩目的成绩。

北京申奥成功的时候，我虽然很激动，但觉得2008年还比较远，没想到不知不觉就到了眼前。今年21岁、刚刚成为一名大学生的我，已经开始走向成熟，能够深刻体会三十年改革开放的伟大意义。举办奥运会是中国改革开放的胜利，是世界各国人民了解中国的好机会。现在，奥运圣火已经点燃，正在全世界传递。8月8日，第29届奥林匹克运动会就要在北京开幕，全中国人民的百年梦想即将成为现实。

（改编自2008年5月11日广东金融学院商学院官网，作者：陈秀娥）

注释：

① 澳门：マカオ。1999年にポルトガルから中国へ返還され、特別行政区となった。

② 新千年之始：新しいミレニアムの開始。即ち、2001年を指す。

③ 申奥："申请举办奥林匹克运动会"の略称。オリンピック開催への立候補。

④ 世贸："世界贸易组织"、即ち、世界貿易機構(WTO)のこと。

生 词

1.翻天覆地	fāntiān fùdì		发生了~的变化
2.大片	dà piàn		~土地；污染了一~
3.回想	huíxiǎng	动	~过去；引起~
4.土岗	tǔgǎng	名	有个~；爬上~
5.野树	yě shù		山上长满了~
6.伙伴	huǒbàn	名	成为~；我们是好~
7.鸣	míng	动	电车~叫；鸟~声
8.蝉	chán	名	~鸣；捕~；~飞了
9.捉迷藏	zhuōmícáng		玩~游戏；~很好玩儿
10.清除	qīngchú	动	~垃圾；~积雪
11.羊肠小路	yángcháng xiǎolù		走在~上；有一条~
12.宽阔	kuānkuò	形	~的街道；道路很~
13.水泥	shuǐní	名	~建筑；生产~
14.茅草房	máocǎofáng	名	盖了个~；破旧的~

15.瓦房	wǎfáng	名	建起了～；漂亮的～
16.平房	píngfáng	名	低矮的～；搬出～
17.盖	gài	动	～房子；～楼；～体育馆
18.楼房	lóufáng	名	建～；高大的～；住的是～
19.自豪	zìháo	形	感到～；非常～；无比～
20.面貌	miànmào	名	改变～；新的～；～一新
21.懂事	dǒngshì	形	～的孩子；不太～
22.回归	huíguī	动	～祖国；香港～
23.上街	shàngjiē	动	～游行；～买东西
24.游行	yóuxíng	动	～的队伍；～抗议；～示威
25.口号	kǒuhào	名	喊～；高呼～；宣传～
26.喧腾	xuānténg	动	一片～；～的场面
27.锣鼓	luógǔ	名	敲打～；～喧天
28.五彩缤纷	wǔcǎi bīnfēn		～鲜花；～的夜景
29.礼花	lǐhuā	名	放～；～满天
30.耻辱	chǐrǔ	名	感到～；带来～；洗掉～
31.标志	biāozhì	名、动	道路～；胜利的～；～着胜利
32.检阅	jiǎnyuè	动	～队伍；接受～
33.威武	wēiwǔ	形	～的军人；十分～
34.壮观	zhuàngguān	形	～的景象；建筑很～；场面～
35.喜事连连	xǐshì liánlián		今年～；他家～
36.战胜	zhànshèng	动	～困难；～灾害；不可～
37.举世瞩目	jǔshì zhǔmù		～的成就；事件～
38.不知不觉	bùzhī bùjué		时间～地过去了
39.圣火	shènghuǒ	名	举起～；～燃烧
40.点燃	diǎnrán	动	～圣火；～火炬

41.传递	chuándì	动	~火炬；~消息
42.即将	jíjiāng	副	~毕业；~出发；~完成

语言点

1. 转眼之间

△转眼之间已经21岁。

◎解释：感觉时间过得非常快。

*解説：時間が早く過ぎる感覚を示す。

例句：(1) 转眼之间，一年又过去了。

(2) 转眼之间就该大学毕业了。

(3) 转眼之间，孩子长成了大人。

(4) 转眼之间汽车就开到了眼前。

【练习】用“转眼之间”表达以下各句的意思。

(1) 觉得结婚后时间过得很快。

(2) 觉得一生时间过得很快。

(3) 觉得一场球赛时间过得很快。

(4) 觉得一场演出时间过得很快。

(5) 觉得一个工程完成得很快。

(6) 觉得一个地方变化得很快。

2. 总之

△总之，家乡的生活条件变得越来越好。

◎解释：也说“总而言之”，总括起来说。

*解説：“总而言之”とも言い、全体をまとめて説明することを示す。「要するに」「総じて言えば」「つまり」。

例句：(1) 总之，这里的气候很好。

(2) 总之，他是个很不错的学生。

(3) 总之，要成功任何一件事都不容易。

(4) 总之，只要努力任何困难都可以克服。

【练习】根据提示话题，用“总之”说一句话。

例：朋友 → 总之，大家都愿意与他交朋友。

(1) 交通 →

(2) 物价 →

(3) 老师 →

(4) 条件 →

(5) 中国 →

(6) 中日关系 →

3. 只不过……

△只不过是听说和梦想。

◎解释：指明范围、程度，含有往小处说的意味，“只不过”后常常有数量词语。

＊解説：範囲・程度を示し、小さく少ない状況であるという意味を表す。“只不过”の後にはしばしば数量詞が来る。「…にすぎない」。

例句：(1) 那所大学只不过2000名学生。

(2) 他只不过是个孩子，这事别让他做。

(3) 只不过见了两次面，我们就成了好朋友。

(4) 乘飞机从东京到北京，只不过3个小时。

【练习】(一)用“只不过”完成句子。

(1) 这件衣服很便宜,____________。

(2) 我的汉语水平很低,____________。

(3) ____________,她就受不了,生气了。

(4) ____________,并不是真要买这种手机。

【练习】(二)用“只不过”回答问话。

(1) A: 听说你病了,怎么样? 厉害吗?

B: ____________________________。

(2) A: 听说你家的房子特别大,是吗?

B: ____________________________。

4. (形容词)+ 极了

△每个中国人都兴奋极了。

◎解释:表示达到最高程度。

＊解説:状態が最高程度に到達していることを示す。「極めて」「非常に」。

例句:(1) 天气热极了。

(2) 工作忙极了。

(3) 精神紧张极了。

(4) 生活方便极了。

【练习】将提示的词语与“极了”搭配,并扩展为一句话。

例:热闹 → 热闹极了 → 市中心商业区人特别多,热闹极了。

(1) 高兴 →

(2) 漂亮 →

(3) 干净 →

(4) 辛苦 →

(5) 复杂 →

(6) 混乱 →

5. 一 +(量词)+ 比+ 一 +(相同量词)

△标志着祖国正在一天比一天繁荣富强。

◎解释:表示递进式比较。

*解説:段階的に進んでいく比較を示す。「……するにつれて」。

例句:(1) 生活一年比一年好。

(2) 比赛一场比一场精彩。

(3) 问题一个比一个复杂。

(4) 风景一处比一处优美。

【练习】根据提示词语,用"一 + 量词 + 比+ 一 + 相同量词"说一句话。

(1) 歌曲　支　好听

(2) 交通　年　便利

(3) 建筑　个　漂亮

(4) 关系　天　密切

(5) 讨论　次　热烈

(6) 小说　篇　有意思

综合练习

(一)听句子填上空白部分。

1. 生活在(　　　　)开放的(　　　　)下,看到了(　　　　)的变化。
2. 羊肠(　　　　)变成了(　　　　)的(　　　　)大道,(　　　　)与(　　　　)相通。
3. 没有(　　　　)没有电话和(　　　　),买(　　　　)的家庭(　　　　)。
4. (　　　　)许多大事,(　　　　)大事(　　　　)让我(　　　　),让我(　　　　)。
5. 抓住了(　　　　),战胜了(　　　　),取得了(　　　　)的成绩。
6. (　　　　)这一年(　　　　),没想到(　　　　)就到了(　　　　)。

(二)听后根据课文判断正误,对的画"√",错的画"×"。

1. (　)
2. (　)
3. (　)
4. (　)
5. (　)
6. (　)
7. (　)
8. (　)

(三)选词填空。

(宽阔　清除　标志　伙伴　喜事连连　举世瞩目
传递　大片)

1. 中国改革开放30年来,取得的成就(　　　　)。
2. 最近在同学们中间(　　　　)着一个很好的消息。
3. 学校旁边有一(　　　　)树林,夏天我常去那里散心。
4. 每天早晨,路边的垃圾被清洁车(　　　　)得干干净净。
5. 刚来时大家互相不认识,而现在都已成了好(　　　　)。
6. 北京(　　　　)的东西长安街两侧,又增加了新的建筑。
7. 听得懂中国的新闻广播,(　　　　)着你的汉语很不错。
8. 这些天加藤美惠家里(　　　　),所以,她总是很高兴。

(四)根据课文内容回答问题。

1. "我"对改革开放后印象最深的是什么?
2. 改革开放前,"我"的家乡是什么样子?
3. 改革开放后,"我"的家乡有哪些变化?
4. "我"懂事后经历了国家的哪些大喜事?
5. 香港、澳门回归中国具有什么重要意义?
6. 中国是何时申奥成功,何时加入WTO的?
7. "我"为什么说2001年成为"中国年"?
8. 第29届奥运会何年何月何日在北京开幕?
9. 请填写如下表格中的正确答案:

时　间	中国发生了什么重要事件?
1997年7月1日	
1999年10月1日	

时　间	中国发生了什么重要事件？
1999年12月20日	
2001年7月13日	
2001年10月20日	
2008年8月8日	

（五）成段表达。

1. 课文中“我”讲述了自己的哪些经历与感想？

提示：出生年代、现在年龄

小时候家乡的样子……

后来家乡的变化……

小学四年级时……

中学二年级时……

成为大学生时……

2. 通过学习这篇课文你增加了哪些新的知识？

提示：中国改革开放前后农村的变化

1997年后中国的一系列大喜事

知识链接

改革开放

改革开放是1978年召开的中国共产党十一届三中全会提出的“对内改革、对外开放”的战略决策。改革开放30多年来，中国实现了三个巨大转变：一是从高度集中的计划经济体制向社会主义市场经济体制转变；二是从封闭(fēngbì)半封闭社会向全方

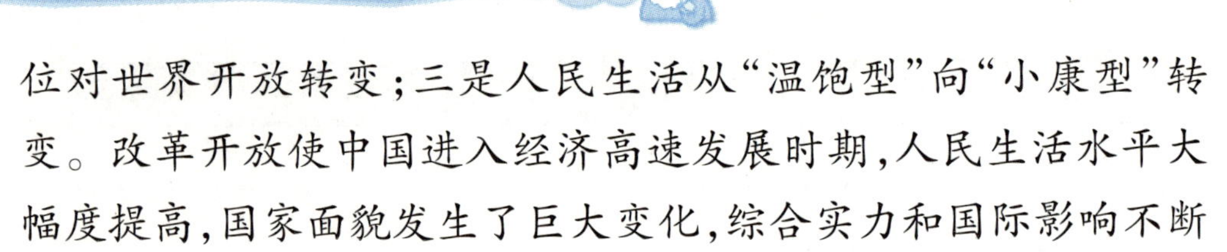

位对世界开放转变；三是人民生活从"温饱型"向"小康型"转变。改革开放使中国进入经济高速发展时期，人民生活水平大幅度提高，国家面貌发生了巨大变化，综合实力和国际影响不断增强。

第15课　飞速发展的上海

课前热身

☞ 1. 大家通过图片、视频等了解的上海是什么样子？

☞ 2. 哪位同学去过上海？谈谈对上海的印象。

课　文

上海的飞速发展和惊人魅力正吸引着西方舆论。2005年，美国《时代》周刊发表专题报道[①]《上海的变迁：东方融合西方》，高度赞扬了上海改革开放以来取得的巨大成就。

报道首先指出了上海巨大变化的意义："在睡了半个世纪之后，今天，上海这个世界的宠儿，不仅代表着中国，也带着世界的愿望重新走了出来。""1985年，上海仅有一座超过100米的高楼，而今300余座摩天大楼拔地而起。过去几年，上海建成了中国最好的博物馆、灿烂的上海大剧院，以及由旧式里弄[②]改造建成的'新天地'娱乐中心，许多世界知名品牌纷纷进入上海。"

接着，文章将目光转向浦东："15年前这里还是一片荒地，如今已成为新的金融中心。今年上海吸引合同外资120多亿美元，是1985年的近40倍。更多的外国游客到上海参观，乘坐从浦东机场开出的磁悬浮列车[③]，时速达到430公里，成为世界上最快的列车。"

报道介绍上海新时代的定位和目标写道："除了把自己塑造

成世界最大的新兴城市，上海正使自己成为时代的象征。这就是：国际化、贸易和多元化发展。”这座始于长江口一个小渔村的城市，目前有人口1670万。上海成了现代东方融合西方梦想的实现者。一位艺术展览的设计者说：“上海接受外国和新的观念特别快。这个城市有十分宽广的胸怀，提供了一个国际艺术交流的舞台。”

报道着重关注了上海复兴的繁荣景象和惊人速度。一位美籍华人律师说：“原来我想，这个城市*怎么可能有那样的繁华？但1998年访问上海时，我突然觉得又回到了属于自己的地方。”1999年，他在外滩[4]发现了一座建于1916年的废弃建筑，通过海外橡胶巨头[5]的投资和美国设计师，将该建筑改造成了上海顶级的场所，目前拥有4个宾馆、1000平方米的旗舰店[6]以及温泉浴场。

报道同时关注了被上海吸引而来的特殊人群：一大批来自香港和台湾的商界巨子[7]。例如，香港房地产开发商[8]罗康瑞，投资17亿美元建成了“新天地”。上海还吸引了那些在20世纪八九十年代出国留学的人。王奋华，波士顿大学[9]经济学博士，两年前的一次回国彻底改变了观念。目前，他是上海证券交易所的高级研究员。他的一位波士顿大学同学，回上海经营自己的高科技[10]公司，也认为是上海迅速发展的活力感染和吸引了他。目前，大约有三分之一的“海归派”[11]工作在上海。

报道还强调了上海独特的节奏：上海的主旋律*比进行曲更加铿锵有力。所到之处，施工机械的声音欢呼着上海的突飞猛进。从1998至2002年，实现了1500万平方米的旧城区改造，开发了8000万平方米的商品房[12]。超过1万家外国公司在浦东开店。为建设这座城市工作的农民工达300万人。上海计划到

2010年建成11座卫星城市，有些卫星城将达到100万人。

最后，《时代》周刊高度肯定了上海高速发展的必然性，并指明背后*不可逆转的力量：上海的崛起有着不可阻挡的推动力，力量源于中国五千年的文明史。上海作为一个城市历史并不很长，但充满了东西方交融的活力。*谁能否认上海是21世纪最生机勃勃的城市呢？

（改编自2005年10月14日"美丽传媒—伊人风采"网，
原载于《文汇报》，作者不详）

注释：

① 专题报道：新聞などのメディアが、ある事件・状況・問題などについて特別に取り上げ、深く突っ込んだ報道をすること。

② 里弄：上海では、狭い通りや小さな路地をこう呼ぶ。北京の胡同に相当する。

③ 磁悬浮列车：リニアモーターカー。最高時速は500キロに達することが可能だと言う。

④ 外滩：上海の黄浦江西岸で、白渡橋から南浦大橋に至る全長4キロほどの地域。「90年代上海十大新景観」と「十佳旅游景点」の１つ。

⑤ 橡胶巨头：ゴム関連産業界で、規模が大きく実力のある企業のこと。

⑥ 旗舰店：flag-ship店のこと。企業がある地域に開設する、代表的ブランド商品の専売店または専門店。

⑦ 商界巨子：ビジネス界で、実力を備え影響力の大きな人物。

⑧ 房地产开发商：不動産開発企業ないしその企業主。

⑨ 波士顿大学：Boston University、略称BU。1839年開学。アメリカで3番目に大きな私立大学。

⑩ 高科技："高等科学技术"の略称。ハイテクノロジーのこと。

⑪ 海归派：海外留学から帰国して国内で働く人々のこと。"归"と"龟"が同音のため"海龟派"とも言う。

⑫ 商品房：市場で商品として公開販売する家屋・建物。

生　词

1. 飞速	fēisù	形	～发展；～前进
2. 惊人	jīngrén	形	～的成就；速度～；～的消息
3. 融合	rónghé	动	民族～；文化～；～在一起
4. 赞扬	zànyáng	动	～老师；～运动员；受到～
5. 成就	chéngjiù	名	取得～；～巨大；～辉煌
6. 首先	shǒuxiān	副	～指出；～报名；～发言
7. 指出	zhǐ chū		～问题；～缺点；～方向
8. 宠儿	chǒng'ér	名	是个～；父母的～；时代的～
9. 摩天大楼	mótiān dàlóu		到处是～；盖起了～
10. 拔地而起	bádì'érqǐ		高层建筑～；盖楼大厦～
11. 灿烂	cànlàn	形	灯光～；～的群星
12. 品牌	pǐnpái	名	～产品；～手表；创造～
13. 荒地	huāngdì	名	一片～；～变良田
14. 合同	hétóng	名	签订～；解除～；～到期
15. 定位	dìngwèi	名、动	～很好；明确～；准确～
16. 塑造	sùzào	动	～形象；～小说人物
17. 始于	shǐ yú		～去年4月；佛教～印度
18. 展览会	zhǎnlǎnhuì	名	举办～；参观～；服装～
19. 观念	guānniàn	名	传统～；新的～；转变～
20. 宽广	kuānguǎng	形	道路～；～的街道；～的胸怀
21. 胸怀	xiōnghuái	名、动	～宽广；～祖国；～理想
22. 着重	zhuózhòng	动	～研究；～考虑；～准备
23. 复兴	fùxīng	动	经济～；事业～；～文艺
24. 景象	jǐngxiàng	名	繁荣的～；热闹的～

25. 律师	lǜshī	名	请～；～出身；想当～
26. 属于	shǔyú	动	～公司；～个人；～大家的
27. 废弃	fèiqì	动	～电器；～的建筑；～的材料
28. 顶级	dǐngjí	形	～饭店；～产品；～厨师
29. 人群	rénqún	名	到处是～；走进～
30. 大批	dàpī	形	～人员；～货物；～资金
31. 彻底	chèdǐ	形	～搞懂；～休息；清扫得不～
32. 节奏	jiézòu	名	很有～；～很快；注意～
33. 旋律	xuánlǜ	名	音乐的～；～很强；轻快的～
34. 铿锵有力	kēngqiāng yǒulì		旋律～；讲话～；声音～
35. 施工	shīgōng	动	正在～；停止～；加快～
36. 突飞猛进	tūfēi měngjìn		国家建设～；经济发展～
37. 城区	chéngqū	名	进入～；住在～；穿过～
38. 背后	bèihòu	名	～的秘密；～的人物；
39. 崛起	juéqǐ	动	经济～；国家～；重新～
40. 阻挡	zǔdǎng	动	～队伍前进；不可～
41. 推动力	tuīdònglì	名	巨大的～；～很强
42. 充满	chōngmǎn	动	～生机；～欢乐；～阳光
43. 交融	jiāoróng	动	情景～；东西文化～
44. 生机勃勃	shēngjī bóbó		～的春天；事业～

语言点

1. 怎么可能

△这个城市怎么可能有那样的繁华？

◎解释：用反问的口气强调“不可能”。

＊解説：反語の語気を用いて“不可能”を強調する。

例句：(1) 一个小孩子，怎么可能去那么远的地方？
(2) 只有两个人，怎么可能吃下这么多饭菜？
(3) 我刚找到工作，怎么可能买得起房子呢？
(4) 想一天就把这么多事情做完，怎么可能？

【练习】(一) 用“怎么可能”完成句子。

(1) 这么复杂的问题，____________？
(2) 她身体那么健康，____________？
(3) 他是个非常诚实的孩子，____________？
(4) 距离那么远，____________？

【练习】(二) 用“怎么可能”完成对话。

A：你一定知道成绩了，是不想告诉我吧。
B：____。
A：这次我没考好，可能是全班倒数第一。
B：____。

2. 比……更(加)……

△上海的主旋律比进行曲更加铿锵有力。

◎解释：后者比前者程度高。注意：“更”用于口语，单音节形容词前只能用“更”，不能用“更加”。

＊解説：比較で、後者が前者よりも程度が高いことを示す。「…より、いっそう…」「…より、更に…」。注意点：“更”は口語で用いる。単音節形容詞の前では“更”のみを用いることができ、“更加”を用いることはできない。

例句：(1) 今天的气温比昨天更高。
(2) 这种方法比那种方法更好。
(3) 这儿的风景比那儿的更加优美。
(4) 东京的地铁比京都的更加方便。

【练习】根据提示词语，用“比……更(加)……”说一句话。

(1) 英语	汉语	难学
(2) 他	我	学习努力
(3) 铃木	田中	喜欢滑雪
(4) 上海	北京	人口多
(5) 这个问题	那个问题	复杂
(6) 这本杂志	那本杂志	有意思

3. 不可逆转

△指明背后不可逆转的力量。
◎解释：不可能改变发展方向。
*解説：発展方向を改めることが不可能であることを示す。
例句：(1) 历史发展的方向不可逆转。
(2) 中日友好的潮流不可逆转。
(3) 和平发展是不可逆转的世界潮流。
(4) A队胜利已成为不可逆转的趋势。

【练习】用“不可逆转”完成句子。

(1) 改革开放将会继续，__________。
(2) 比赛胜负已经决定，__________。
(3) 大好形势已经形成，__________。
(4) 人生就像是一条河，__________。

(5) 人类进步是＿＿＿＿＿发展方向。

(6) 病情出现了＿＿＿＿＿恶化趋势。

4. 谁能……呢？

△谁能否认上海是21世纪最生机勃勃的城市呢？

◎解释：用反问的口气强调“谁也不能”。

＊解説：反語の口調を用いて“谁也不能”を強調する。

例句：(1) 谁能不爱自己的父母呢？

(2) 谁能说自己的家乡不好呢？

(3) 这么好的地方，谁能不想来呢？

(4) 那么高的山峰，谁能爬得上去呢？

【练习】根据提示内容，用“谁能……呢？”说一句话。

(1) 可爱的小狗

(2) 好吃的东西

(3) 优美的风景

(4) 寒冷的气候

(5) 重要的事情

(6) 难得的机会

综合练习

(一) 听句子填上空白部分。

1. (　　　　)，上海(　　　　)一座超过(　　　　)的高楼，而今(　　　　)摩天大楼(　　　　)。过去几年，上海(　　　　)了中国最好的(　　　　)、灿烂的上海大

(　　　　),以及由(　　　　)里弄(　　　　)建成的“新天地”(　　　　),许多世界(　　　　)品牌(　　　　)进入上海。

2. 一位(　　　　)律师说:“(　　　　)我想,这个城市(　　　　)有那样的(　　　　)? 但1998年(　　　　)上海时,我(　　　　)觉得又回到了(　　　　)自己的地方。”(　　　　)年,他在外滩(　　　　)了一座建于(　　　　)年的废弃(　　　　),将该建筑改造成了上海(　　　　)的(　　　　)。

3. 从1998至(　　　　)年,上海实现了(　　　　)万平方米的(　　　　)改造,(　　　　)了8000万平方米的(　　　　)。超过1万家外国(　　　　)在浦东(　　　　)。为(　　　　)这座城市工作的(　　　　)达300万人。上海(　　　　)到2010年建成11座(　　　　),有些卫星城(　　　　)100万人。

(二)听后选择正确答案。

1.《时代》周刊专题报道的题目是什么?

A.《上海的变化:东方和西方》

B.《上海的变迁:西方融合东方》

C.《上海的变迁:东方融合西方》

2. 今年上海吸引外资是15年前的多少倍?

A. 近14倍　　B. 近40倍　　C. 44倍

3. 这段话主要说明了什么?

A. 上海建在长江口上

B. 上海原来城市很小

C. 上海是国际大都市

4. 王奋华为什么要到上海工作？

A. 因为是波士顿大学经济学博士

B. 通过一次回国彻底改变了观念

C. 可以做证券交易所高级研究员

5. “海归派”是什么意思？

A. 到国外留学的人

B. 回国工作的留学人员

C. 回上海工作的人

6. 上海崛起的推动力源于哪里？

A. 上海崛起的力量

B. 不可阻挡的推动力

C. 中国五千年文明史

（三）选词填空。

（塑造　融合　着重　始于　大批　胸怀　复兴　生机勃勃）

1. 一个人如果(　　　　)宽广，就不会有很多烦恼。
2. 他们两个人的友谊(　　　　)三年前的一次宴会。
3. 冬天过去，人们终于迎来了(　　　　)的春天。
4. 这部电影(　　　　)了一个令人难忘的人物形象。
5. 日本(　　　　)东西方文化，形成了自己的文化。
6. 为了实现民族(　　　　)，中国人民在努力奋斗。
7. 中国改革开放后，吸引了(　　　　)外国的资金。
8. 提高教学效果，是老师要(　　　　)考虑的问题。

(四) 根据课文内容回答问题。

1.《时代》周刊发表的是一篇什么内容的报道?
2. 报道指出的上海巨大变化的意义是什么?
3. 报道说浦东发生了怎样翻天覆地的变化?
4. 报道介绍的上海新时代的定位和目标是什么?
5. 一位美籍华人律师怎样惊叹上海的发展和繁荣?
6. 上海的"新天地"是什么人投资建成的?
7. 上海到2010年卫星城建设的计划是什么?
8.《时代》周刊专题报道最后的内容是什么?

(五) 成段表达。

1. 美国《时代》周刊怎样报道了上海所取得的巨大成就?
提示:首先,指出了……
接着,将目光转向……
然后,介绍了……
报道着重关注了……
报道同时关注了……
报道还强调了……
最后,高度肯定了……
2. 结合课文谈谈你对上海的了解与认识?
提示:上海的地理、历史、人口?
上海在中国的地位、作用?
上海与北京比较有何不同?
上海与东京比较有何异同?
你对上海世博会有何了解?

知识链接

上海世博会

2010年5月1至10月31日在上海举办的世博会，是中国第一次举办的世界博览会，主题是“城市，让生活更美好”。有190个国家、56个国际组织及中外企业参展，有7308万中外宾客参观，平均每天40余万人，最高峰时突破了100万人。世博会场位于上海南浦大桥和卢浦大桥之间，沿黄浦江两岸布局，园区达6平方公里。会场建有世博轴(zhóu)、中国馆、主题馆、世博中心等100多个场馆，展馆建筑面积达74万平方米，总建筑面积230万平方米。上海世博会充分展示了丰富多彩的当代文明成就，汇集了人类探索城市发展的共同智慧，创造了多项世博会新纪录，是一次成功、精彩、难忘的盛会。

今日上海

第16课　百姓生活十大变迁

课前热身

☞ 1. 中国改革开放以来，社会和人民生活发生了哪些变化？

☞ 2. 哪位同学去过中国？请谈谈对中国人生活情况的了解？

课　文

中国自改革开放以来，经济社会发生了巨大变化，*从普通百姓生活来说，至少有以下十大变迁：

变迁一　鼓起来的钱包

改革开放之初，新名词“万元户”[①]是家庭有巨额财富的代名词，如今已经过时。中国经济快速发展，个人和家庭收入逐年增加。1990年至2001年，农村家庭人均纯收入实际增长62%，城镇家庭人均可支配收入实际增加一倍多。

变迁二　降下来的恩格尔系数[②]

中国人越来越远离仅为吃穿的贫困生活，日子过得越来越富裕。恩格尔系数是判断国民生活水平的国际指标。1990年，中国城镇和农村居民恩格尔系数分别为54.2%和58.8%，2001年降到了37.9%和47.7%。

变迁三　精起来的饮食

十多年来，中国人的膳食结构不知不觉发生了重大变化。主食消费量不断下降，副食消费量上升，吃的越来越好，饭量越来越小。尤其是城镇居民食品消费，逐渐向讲究营养、风味、疗效、方便转变，膳食状况不断改善。

变迁四　长起来的人均寿命

2002年6月18日，四川乐山市116岁的杜品华，拿到了上海大世界吉尼斯[3]总部颁发的“最长寿的人”证书，正式成为世界上最长寿的老人。社会安定，营养、保健、医疗等水平的提高，使中国人的寿命越来越长。过去，“人生七十古来稀”[4]，如今，70岁寿命很平常。

变迁五　大起来的住房

“小康[5]不小康，关键看住房。”过去，城市和农村住房紧张，许多民居是旧房、筒子楼[6]、危房。拥挤的大城市，不少人感叹没有安居之地，一家三代挤在一间房子里。十几年来，改革住房制度，房子多了，面积大了，越来越多的人喜迁新居，居住条件不断改善。

变迁六　多起来的私人轿车

中国是自行车国度。马路上滚滚如潮的自行车大军，曾让外国人惊讶。那时，小汽车只有当官的能坐，没有人想到会有私家车。近些年，越来越多的人实现了“汽车梦”。从1998年开始，中国个人购车比例超过50%。目前在一些大中城市，比例超过了70%。

变迁七　靓起来的衣着服饰

衣着服饰是生活质量的生动体现。居民收入水平的大幅度提高，*带来了穿着消费的深刻变化。个性化特征越来越明显。

中老年喜欢中高档服装,讲究舒适大方。年轻一代追时装潮流,求新求美。不同品牌不同风格的服装琳琅满目,市场上国际名牌比比皆是。

变迁八　高起来的文化程度

*无论政府还是个人,对于教育的重视和投资都达到了空前的程度。从幼儿园开始,到大学毕业,甚至走上工作岗位,各个阶段的教育都有。大学生越来越多,硕士生[⑦]、博士生、博士后[⑧]迅速增加。全国基本普及九年义务教育,高等教育由精英教育[⑨]向大众化教育迈进。

变迁九　热起来的假日旅游

十多年前,中国人既没有很多闲钱,也没有太多的闲暇。节假日*要么待在家里,要么走亲串友。即使出去走一走,活动半径也很小。而今天,旅游成为中国人的新时尚。一到"黄金周"[⑩],名胜景点游人如流。不仅如此,越来越多的人还出国旅游。

变迁十　快起来的通信方式

十多年前,写信是大多数中国人与远方亲人的交流方式。奢侈一点,到邮电部门[⑪]打个长途电话。今天,人们的通信方式变得越来越多样、便利,电话可以随时打,发短信、电子邮件十分容易,人与人之间的距离迅速缩短了。

(改编自2002年10月10日《海峡消费报》,作者不详)

注释:

① 万元户:1万元以上の貯蓄のある家庭のこと。

② 恩格尔系数:エンゲル係数。日常の生活費に占める食費の割合。一般に、この係数が高いほど生活水準が低いと見なされる。

③ 吉尼斯:ギネス。《基尼斯世界纪录大全》(ギネスブック)は、各種の「世

界一」を収録した本であり、“基尼斯纪录”は「世界一」の代名詞となっている。

④ 人生七十古来稀：杜甫の「曲江」の詩句に由来する中国の俗言。70歳まで生きる人は古来より数少ないの意。

⑤ 小康：家庭の生活に比較的ゆとりがあり、さほど心配なく暮らすことができる状態を指す。鄧小平は、2000年までに「小康生活」の建設を実現するという目標を掲げた。

⑥ 筒子楼：一般に、3～6階建てでエレベータが設置されず、各階の狭くて長い筒のような廊下の両側に十数平米のワンルームが並び、トイレや台所も共用の住宅。1990年代以前、多くの都市住民は、こうした居住条件の悪い“筒子楼”で生活していた。

⑦ 硕士：中国の学位の１つ。日本の修士に相当する。

⑧ 博士后：ポストドクトラルフェロー。博士課程修了後、正式に就職する以前に、一定期間、大学または研究機関で研究に従事する若手研究者。

⑨ 精英教育：少数精鋭のエリートの養成を目標とする教育。対義語は“大众化教育”。

⑩ 黄金周：ゴールデンウィーク。中国では、「春節」(旧正月)・「十一国慶節」の３つがあり、当時は、各休日を中心に7日の連休を設定した。

⑪ 邮电部门：郵政と電信に関する業務を行なう機構・部門。

生　词

1. 鼓	gǔ	动	肚子～起来了；气球～起来了
2. 钱包	qiánbāo	名	忘了带～；～丢了
3. 巨额	jù'é	形	～财产；～资金；～投资
4. 财富	cáifù	名	巨额～；积累～

5. 逐年	zhúnián	副	～提高；～上升；～统计
6. 远离	yuǎn lí		～家乡；～祖国；～亲人
7. 指标	zhǐbiāo	名	制定～；达到～；完成～
8. 城镇	chéngzhèn	名	～人口；～建设；～面貌
9. 精	jīng	形	～盐；～选；工艺很～
10. 膳食	shànshí	名	～合理；注意～结构
11. 结构	jiégòu	名	人员～；产品～；～合理
12. 上升	shàngshēng	动	产量～；地位～；温度～
13. 饭量	fànliàng	名	～很大；～增加
14. 疗效	liáoxiào	名	～很好；很有～
15. 转变	zhuǎnbiàn	动	～立场；～观点；～态度
16. 颁发	bānfā	动	～奖状；～奖品；～证书
17. 关键	guānjiàn	名	～问题；～人物；非常～
18. 危房	wēifáng	名	～改造；修理～；搬出～
19. 拥挤	yōngjǐ	形、动	交通～；道路～；不要～
20. 安居	ānjū	动	～工程；可以～；～乐业
21. 国度	guódù	名	美丽的～；富饶的～
22. 滚滚如潮	gǔngǔn rúcháo		～的人流；车流～
23. 惊讶	jīngyà	形	感到～；令人～；十分～
24. 当官	dāng guān		很想～；～为人民
25. 靓	liàng	形	～女；～丽的风景
26. 生动	shēngdòng	形	～的讲演；讲得很～
27. 幅度	fúdù	名	提高～很小；大～提高
28. 穿着	chuānzhuó	名	讲究～；～时髦；～朴素
29. 档	dàng	名	高～衣服；低～商品
30. 舒适	shūshì	形	生活～；～的住宅；觉得～
31. 大方	dàfang	形	举止～；他很～

32. 追	zhuī	动	～时髦；～小偷；～星族
33. 时装	shízhuāng	名	～模特；～表演；～设计
34. 琳琅满目	línláng mǎnmù		商品～
35. 比比皆是	bǐbǐ jiēshì		高级住宅～；广告～
36. 空前	kōngqián	动	～提高；～繁荣；收获～
37. 闲钱	xiánqián	名	没有～；有了～去旅游
38. 闲暇	xiánxiá	名	有很多～；利用～玩游戏
39. 待(在)	dāi	动	～在家里；在那里～了3天
40. 走亲串友	zǒuqīn chuànyǒu		新年期间～；我喜欢～
41. 名胜景点	míngshèng jǐngdiǎn		游览～；京都～很多
42. 游人如流	yóurén rúliú		景点～；颐和园～
43. 奢侈	shēchǐ	形	生活～；太～了
44. 长途	chángtú	形	～汽车；～运输；～电话
45. 短信	duǎnxìn	名	用手机发～；收到～
46. 缩短	suōduǎn	动	～时间；～距离；把长度～

语言点

1. 从……来说，……

△从普通百姓生活来说，至少有以下十大变迁。

◎解释：提起要说的方面或角度。

＊解說：話題にしたい方面や角度を提出する。「…から言うと…」「…という点では…」。

例句：(1) 从课堂气氛来说，我们班非常好。

(2) 从教学设施来说，这所大学一般。

(3) 从城市交通来说，东京是最完善的。

(4) 从气候类型来说，日本属于海洋性气候。

【练习】根据提示内容，用"从……来说……"说一句话。

(1) 学习态度
(2) 教学方法
(3) 考试结果
(4) 国土面积
(5) 自然环境
(6) 饮食习惯

2. 带来了

△居民收入水平的大幅度提高，带来了穿着消费的深刻变化。

◎解释：前面的现象导致出现了后面的现象。注意：这里的"带来"不是"携带"的意思。

＊解説：前に掲げた現象が、後の現象を引き起こし出現させたことを示す。「もたらした」。注意：この場合の"带来"は「携帯する」の意味ではない。

例句：(1) 改革开放带来了中国经济的快速发展。
(2) 经济发展带来了人民生活水平的提高。
(3) 人口太多带来了一系列的社会问题。
(4) 环境污染带来了一些新的疾病。

【练习】用"带来了"完成句子。

(1) 气候异常＿＿＿＿＿＿＿＿＿＿＿＿＿＿＿＿。
(2) 动画电影＿＿＿＿＿＿＿＿＿＿＿＿＿＿＿＿。
(3) 家庭和睦＿＿＿＿＿＿＿＿＿＿＿＿＿＿＿＿。
(4) 电脑的出现＿＿＿＿＿＿＿＿＿＿＿＿＿＿＿。
(5) 举办奥运会＿＿＿＿＿＿＿＿＿＿＿＿＿＿＿。

(6) 坚持体育锻炼________________________。

3. 无论(是)(A)还是(B),都……

△无论政府还是个人,对于教育的重视和投资都达到了空前的程度。

◎解释:强调条件不同但结果不变。

*解説:条件が異なるが結果は変わらないことを強調する。AとBのどちらの状況でも同じ結論であることを示す。

例句:(1) 无论英语还是汉语,他的学习成绩都很好。

(2) 无论是对老师还是对父母,他都很有礼貌。

(3) 无论刮风还是下雨,他都没有停止锻炼身体。

(4) 无论是现在还是将来,我都不会忘记好朋友。

【练习】根据提示词语,用"无论……还是……,都……"说一句话。

(1) 大国	小国	平等
(2) 车站	商店	不太拥挤
(3) 便宜	不便宜	不打算买
(4) 同意	不同意	表明态度
(5) 民族音乐	外国音乐	喜欢
(6) 教学设施	教学水平	很不错

4. 要么……,要么……

△要么待在家里,要么走亲串友。

◎解释:表示一定要在二者中选择其一。

*解説:二つの選択の間で、一つを必ず選択することを示す。「…するか、または…する」。

例句：(1) 今天不吃日餐，要么吃中餐，要么吃西餐。

(2) 要么找工作，要么考研究生，还没做决定。

(3) 要么学英语，要么学汉语，必须选一门外语。

(4) 这次旅游要么去中国，要么去韩国，都可以。

【练习】(一) 根据提示内容，用“要么……要么……”说一句话。

(1) 洗衣服　　　买东西

(2) 玩儿电脑　　看电视

(3) 乘地铁　　　坐公共汽车

【练习】(二) 用“要么……要么……”回答问话。

(1) A：你打算买一个什么牌子的新电脑？

B：________________________________。

(2) A：学习中遇到不懂的问题时怎么办？

B：________________________________。

(3) A：出国以后你怎么与家人保持联系？

B：________________________________。

综合练习

(一) 听句子填上空白部分。

1. 十多年来，(　　　　)消费量不断(　　　　)，(　　　　)消费量(　　　　)，吃的越来越好，(　　　　)越来越小。

2. 改革住房(　　　　)，房子多了，(　　　　)大了，越来越多的人(　　　　)，居住条件(　　　　)。

3. 从(　　　　)年开始,个人购车(　　　　)超过(　　　　)。目前在一些(　　　　),比例超过了(　　　　)。

4. (　　　　)是生活(　　　　)的生动(　　　　)。不同(　　　　)不同(　　　　)的(　　　　)琳琅满目,(　　　　)上国际(　　　　)比比皆是。

5. (　　　　)开始(　　　　)大学毕业,(　　　　)走上工作(　　　　),各个(　　　　)的教育(　　　　)。(　　　　)越来越多,(　　　　)生、(　　　　)生迅速(　　　　)。

6. (　　　　)变得越来越(　　　　)、(　　　　),电话可以(　　　　)打,发(　　　　)、(　　　　)十分容易,人与人(　　　　)的(　　　　)迅速(　　　　)了。

(二) 听后根据课文判断正误,对的画"√",错的画"×"。

1. (　)
2. (　)
3. (　)
4. (　)
5. (　)
6. (　)
7. (　)
8. (　)

（三）选词填空。

（指标　比比皆是　转变　关键　颁发　穿着
琳琅满目　奢侈）

1. 学习汉语，我给自己定了个（　　　　），每天记住10个生词。
2. 那个女孩子的（　　　　）十分特别，走在路上有不少人看她。
3. 走进大型百货店，商品（　　　　），你想要什么东西都能买到。
4. 在全校运动会上，校长亲自为获得冠军的球队（　　　　）奖状。
5. 中村以前学习不努力，自老师教育了他以后，有了（　　　　）。
6. 即使家里很有钱，生活也不能（　　　　），那样对孩子没好处。
7. 到了上海你会看到，新盖的高楼大厦、新修的道路（　　　　）。
8. 要提高汉语会话能力，光能看懂还不行，（　　　　）是多听多说。

（四）根据课文内容回答问题。

1. 改革开放使中国人生活发生了哪些重大变化？
2. 为什么说“万元户”原来的意义已经过时？
3. 过去中国人见面为什么习惯说“吃了吗？”
4. 十多年来中国人膳食结构发生了什么变化？
5. 为什么说“小康不小康，关键看住房”？
6. 中国人穿着消费的变化主要表现在哪里？
7. 为什么旅游能够成为中国人的新时尚？
8. 中国人的通信方式发生了什么变化？

9. 根据课文填写如下表格，说明中国人生活的重大变化：

变化的方面		形象的概括	典型的事实
1	钱包	鼓起来	个人和家庭收入逐年增加
2			
3			
4			
5			
6			
7			
8			
9			
10			

（五）成段表达。

1. 谈谈你所知道的三十来年中国的变化。

提示：城市建筑、道路、绿化
地铁、高速公路、铁路
商店、商品、餐馆等
家用电器、手机、电脑
收入、住宅、私家车
衣着、饮食、健身
上大学、留学、旅游
……

2. 中国快速发展的主要原因是什么？还存在哪些问题？

提示：改革开放、经济建设、政府、政策……
人口、资源、环境、地区、差距……

知识链接

中国人生活"三大件"的变迁

随着时代的发展，作为中国人生活消费水平标志的"三大件"内容也在不断更新。

上世纪70年代"三大件"：家庭为手表、自行车、缝纫机，大学生是脸盆、水瓶、被子。

上世纪80年代"三大件"：家庭为彩电、冰箱、洗衣机，大学生是自行车、收音机、手表。

上世纪90年代"三大件"：家庭为电话、空调、电脑，大学生是随身听、BP机、掌上游戏机。

进入新世纪以后"三大件"：家庭为房子、车子、票子，大学生是手机、MP3、笔记本电脑。

第17课　让幽默走进家庭

课前热身

☞ 1. 请问：什么是幽默？你喜欢幽默吗？你身边有幽默的人吗？

☞ 2. 生活中为什么需要幽默？幽默对于夫妻关系为什么更加重要？

课　文

每对夫妻都会有这样的体会，成立家庭之后，恋爱时的浪漫、相互的倾慕及交流，都会被越来越琐碎、具体的家务冲淡。生活开门七件事：柴、米、油、盐、酱、醋、茶，以及做饭、洗碗、买菜、扫地、擦桌子、带孩子等，都是每天循环往复的枯燥劳动。时间长了，夫妻很容易在干家务的多少上，或其他小事情上产生矛盾，发生争吵。倘若没有幽默来协调、润滑的话，小吵也许会变成大吵，甚至发展到不可收拾的地步。

在夫妻生活中，幽默是增进感情的润滑剂，它可以帮助清除烦恼、忧愁和疲劳，*有利于身体健康，也会使夫妻矛盾一笑了之。古希腊[1]苏格拉底[2]的妻子，脾气暴躁，有一天，苏格拉底正在与学生讨论问题，妻子突然跑了进来，不由分说地对他大骂一通，并随手端起一盆水，把苏格拉底泼得像落汤鸡[3]。学生们都惊得目瞪口呆，以为一场大战就要爆发。然而出乎意料的是，苏格拉底擦了擦身上的水，笑了笑，风趣地说："我就知道打雷之后，一定要下大雨。"学生们听了都哈哈大笑，他的妻子也不好意思地退了出去。

俗话说："没有勺子不碰锅沿儿[4]的。"夫妻之间难免有些磕磕碰碰。世界上恐怕没有从未红过脸的夫妻。吵架*固然难以避免，但夫妻老是唇枪舌剑地吵架，家庭生活就不会幸福。不过，夫妻各有自己的个性和要求，生活中免不了有些不满和怨气要向对方发泄。出现了问题倘若不能心平气和地解决，吵架就不可避免了，关键是如何对待吵架问题。生气是吵架的前奏，当对方生气时，用幽默语言使其一笑，就能大事化小，小事化了[5]。

有一对结婚多年的夫妻，由于性格爱好不同，有时会产生摩擦，但每次都因男方的幽默而化干戈为玉帛[6]。有一次二人吵架，吃饭时妻子赌气不吃。丈夫忙盛了一碗饭给妻子，开玩笑说："吃吧！你吃下这碗饭，才有力气和我吵啊！"妻子本来要发脾气，听丈夫这么一说，倒有些不好意思了，说："我吃了这碗饭，就饱了，吵不起来了！"丈夫搂着她，*吻了又吻，妻子"噗嗤"一笑，两人又和好如初。

某一位公司老板，有一天因工作太忙，深夜一点才回家。妻子在家*左等右等，把菜热了又热，既急又气，一见到他就没好气地说："你还想到有家呀！回来干吗？"他没作声，吃饭故意只夹青菜吃，荤菜碰也不碰。妻子感到奇怪，问道："你今天有毛病吧！怎么光吃青菜？"这时他才抬起头，一本正经地说："我怕今天跟你吵架，多吃青菜压压火[7]。"一句话就把妻子逗笑了，火气立刻烟消云散。这种幽默的处理方式，即使对方是处于"一级战备"[8]状态，也吵不起来了。

争辩、吵架、赌气，在家庭生活中并不罕见。有的人"针尖对麦芒"[9]，互不相让，甚至闹上法庭。这种"硬碰硬"[10]，只能碰碎美好的"圆镜"，而幽默却能缓和矛盾，促进和谐。

美国心理学家赫布·特鲁在《幽默与人生》一书中指出："烦琐的家务需要幽默，为了让婚姻和家庭的车轮一直平稳向前，应该不断地用幽默给车轮添加润滑剂。我们每个人都有机会获得幽默的力量，把它运用在与自己最亲近的人的交往中。"幽默有利于促进家庭和谐，也有利于身心健康，因此，人人都应该学会幽默。

（改编自《养生月刊》2008年第4期，作者：石柱国）

注释：

① 古希腊：古代ギリシア。地中海東北部（ギリシア半島以外の広大な地域を含む）に位置した。紀元前5・6世紀には、経済が高度に繁栄して、絢爛たるギリシア文化を生み出し、後世に多大な影響を与えた。

② 苏格拉底：ソクラテス（紀元前469—399年）。著名な古代ギリシアの哲学者。彼の弟子・プラトン、プラトンの弟子・アリストテレスとともに「ギリシアの三賢」と称された。

③ 落汤鸡：水に落ちた鶏。ずぶぬれの様子を指す。ぬれねずみ。

④ 勺子碰锅沿儿：ご飯をよそう時、"勺子"は必ず"锅"の縁にぶつかる。ここから、夫婦の間に矛盾や摩擦が生じることは免れがたいことの喩えとなる。

⑤ 大事化小，小事化了：大きな問題を小さいものに変えれば、小さな問題も消滅し、矛盾も激化させないですむ。

⑥ 化干戈为玉帛：出典は『淮南子·原道训』。"干戈"は戦争を指し、"玉帛"は玉器と絹織物で、和解を指す。戦争を平和に転換させることを喩える。

⑦ 压压火：心中の怒りを抑え、爆発させない。

⑧ 一级战备:情勢が極度に緊張し、戦争勃発間近で、軍隊が開戦準備状態に入ることを指す。ここでは、心中の怒りが爆発寸前であることを比喩している。

⑨ 针尖对麦芒:"针尖"と"麦芒"はともに鋭く尖っており、ここでは、互いに鋭く対抗しどちらも少しの譲歩もしないことを喩えている。

⑩ 硬碰硬:硬いものが硬いものとぶつかる。ここでも、互いに鋭く対抗しどちらも少しの譲歩もしないことを喩えている。

生 词

1. 浪漫	làngmàn	形	~主义;~情调;他很~
2. 倾慕	qīngmù	动	他对她很~;他们互相~
3. 琐碎	suǒsuì	形	~的事情;~的工作;家务~
4. 冲淡	chōngdàn	动	~了气氛;效果被~了
5. 循环往复	xúnhuán wǎngfù		每天都一样,~
6. 枯燥	kūzào	形	~的演讲;内容~;生活~
7. 争吵	zhēngchǎo	动	发生~;~起来;停止~
8. 倘若	tǎngruò	连	~下雨,我就不去了
9. 润滑	rùnhuá	形	~剂;~油;起~作用
10. 不可收拾	bùkě shōushi		矛盾~;局面~;~的后果
11. 地步	dìbù	名	到了危险的~;没到那个~
12. 烦恼	fánnǎo	形	很~;引起~;没有~
13. 忧愁	yōuchóu	形	~找不到工作;因失业而~;没有~
14. 一笑了之	yīxiào liǎozhī		对于别人的批评,他~
15. 脾气	píqi	名	~很好;急~;犯~
16. 暴躁	bàozào	形	脾气~;性格~;心情~

17. 不由分说	bùyóu fēnshuō		～地把孩子批评了一通
18. 随手	suíshǒu	副	～关门；～摆好；～拿来
19. 端	duān	动	～盘子；～菜
20. 目瞪口呆	mùdèng kǒudāi		吓得～；吃惊得～
21. 出乎意料	chūhū yìliào		结果～；事情～；完全～
22. 风趣	fēngqù	形、名	～的人；～的话；他很～
23. 打雷	dǎ léi		先～后下雨；一～就下雨
24. 不好意思	bù hǎoyìsi		觉得～；有点儿～；实在～
25. 俗话	súhuà	名	～说："……"
26. 难免	nánmiǎn	形	～生病；犯错误是～的
27. 磕磕碰碰	kēkēpèngpèng	动	夫妻难免～；二人经常～
28. 吵架	chǎo jià		经常～；不要～；～不好
29. 唇枪舌剑	chúnqiāng shéjiàn		两个人～争吵得很厉害
30. 怨气	yuànqì	名	满肚子～；～冲天；有～
31. 发泄	fāxiè	动	～怨气；～不满
32. 心平气和	xīnpíng qìhé		～地商量；态度～
33. 避免	bìmiǎn	动	～对立；～事故
34. 摩擦	mócā	动	产生～；避免发生～
35. 赌气	dǔqì	动	一～不去了；不要～
36. 盛	chéng	动	～饭；～汤
37. 搂	lǒu	动	～住孩子；～舞伴
38. 吻	wěn	动	妈妈～孩子的脸
39. 和好如初	héhǎo rúchū		他俩～；两个民族～
40. 故意	gùyì	副	～不理他；不是～的
41. 荤菜	hūncài	名	不喜欢吃～；～素菜都有
42. 一本正经	yīběn zhèngjīng		～的人；～地说
43. 烟消云散	yānxiāo yúnsàn		战争～；争吵～；矛盾～

44. 争辩	zhēngbiàn	动	互相～;～得很激烈
45. 和谐	héxié	形	～社会;保持～;不～
46. 平稳	píngwěn	形	～发展;～过渡;保持～
47. 添加	tiānjiā	动	～内容;～乐趣

语言点

1. 有/不利于

△……有利于身体健康,也会使夫妻矛盾一笑了之。

◎解释:对某个方面有(或没有)好处。

*解説:ある方面で有益なことがあること、または、有害であることを示す。

例句:(1) 多种花草树木有利于美化环境。

(2) 人与人多交流有利于互相了解。

(3) 总是长时间看电脑不利于眼睛。

(4) 过量喝酒、吸烟不利于身体健康。

【练习】根据提示内容,用"有利于"或"不利于"完成句子。

(1) 与中国人交朋友________________。

(2) 加强国际交流与合作________________。

(3) 有机会多去海外旅行________________。

(4) 喜欢背后议论别人________________。

(5) 对孩子只爱不严格要求________________。

(6) 汽车数量毫无限制地发展________________。

2. 固然

△吵架固然难以避免，但夫妻老是唇枪舌剑地吵架，家庭生活就不会幸福。

◎解释：表示承认某个事实，引起下文转折。或者表示承认一个事实，也不否认另一个事实。

*解説：ある事実を承認した上で、以下で転換を引き起こすことを示す。または、1つの事実を承認するが、別の事実も否認しないことを示す。「もとより…であるが」「むろん…ではあるが」。

例句：(1) 那个学校固然挺好，但学费太贵了。

(2) 这种方法固然不错，但比较难掌握。

(3) 你来参加固然很好，不来也没关系。

(4) 当公务员固然很好，公司职员也不错。

【练习】根据提示内容，用“固然”说一句话。

(1) 学外语

(2) 生鱼片

(3) 日本的环境

(4) 东京　　京都

(5) 烤鸭　　肯德基

(6) 出去旅游　　在家休息

3. (动词)+了又+(相同动词)

△丈夫搂着她，吻了又吻，妻子“噗嗤”一笑，两人又和好如初。

◎解释：通过动作的反复表示重视和认真。

*解説：動作の反復を通じて、丁寧かつ真剣であることを示す。

例句：(1) 教室的地板太脏了，擦了又擦才擦干净。

(2) 那幅画儿他看了又看，越看越觉得画得好。

(3) 我想了又想，最后还是决定不去那家公司。

(4) 这件衣服他试了又试,还是觉得不太合适。

【练习】根据提示词语列出“(动词)+了又+(相同动词)”形式,并扩展成一句话。

例:开 → 开了又开 →拿错了钥匙,开了又开,还是没打开。

(1) 洗

(2) 尝

(3) 闻

(4) 听

(5) 找

(6) 推

4. 左+(动词)+右+(相同动词)

△妻子在家左等右等,把菜热了又热,既急又气。

◎解释:意思与“(动词)+了又+(相同动词)”基本相同,通过动作的反复表示花费大量的精力或时间,动词一般是单音节动词,也可以是双音节动词。如:左看右看、左想右想、左说右说、左找右找、左盼右盼、左商量右商量、左讨论右讨论,等等。

*解説:意味は、「(动词)+了又+(相同动词)」と基本的に等しい。動作の反復を通じて、勢力や時間を多く費やすことを示す。用いる動詞は一般に単音節動詞だが、二音節動詞でも構わない。例えば、“左看右看”“左想右想”“左说右说”“左找右找”“左盼右盼”“左商量右商量”“左讨论右讨论”など。

例句:(1) 这张老照片我左看右看,想起了许多往事。

(2) 那件往事我左想右想,怎么也想不起来了。

(3) 父母左说右说,不让他吸烟,他就是不听。

(4) 这件事左商量右商量,终于商量出了结果。

【练习】利用"左+(动词)+右+(相同动词)"完成对话。

(1) A: 听说你的手机丢了,找到了吗?
B: ______________________________。

(2) A: 她失恋了,总是哭,你劝劝她。
B: ______________________________。

(3) A: 这个名字的来历你查出来了吗?
B: ______________________________。

(4) A: 你是不是早就盼着暑假去旅游?
B: ______________________________。

(5) A: 听说你的电脑坏了,修了一天。
B: ______________________________。

(6) A: 那个问题你们昨天讨论清楚了吧?
B: ______________________________。

综合练习

(一) 听句子填上空白部分。

1. 成立(　　　　)后,(　　　　)时的(　　　　)、相互的(　　　　)及交流,(　　　　)被越来越(　　　　)、具体的(　　　　)冲淡。
2. 在(　　　　)中,幽默是(　　　　)的润滑(　　　　),它可以(　　　　)清除(　　　　)、忧愁和(　　　　)。
3. 生气是(　　　　)的前奏,当对方(　　　　),用幽默语言(　　　　),就能(　　　　),小事化(　　　　)。
4. 一位(　　　　),因工作(　　　　),深夜(　　　　)才回家。

(　　　)在家(　　　)等(　　　)等,把菜(　　　)了又(　　　),既(　　　)又(　　　)。

5. 争(　　　)、吵(　　　)、赌(　　　),在家庭生活中(　　　)。有的人“针尖(　　　)麦芒”,(　　　)不相(　　　),甚至(　　　)。

6. 我们(　　　)都有(　　　)获得幽默的(　　　),把它(　　　)在(　　　)自己最(　　　)的人的(　　　)中。

(二)听后根据课文判断正误,对的画“√”,错的画“×”。

1. (　)
2. (　)
3. (　)
4. (　)
5. (　)
6. (　)
7. (　)

(三)选词填空。

(难免　避免　摩擦　争辩　一本正经　平稳　和谐
倘若　忧愁　烦恼　不可收拾　不由分说)

1. 孩子的书包不见了,妈妈(　　　)地把孩子训斥了一通。
2. 在讨论会上,两人观点很不相同,互相激烈地(　　　)起来。
3. 有了矛盾如果不及时解决,最后有可能发展到(　　　)的地步。

4. 他是个乐观主义者，总是很高兴，似乎没有(　　　　)也没有(　　　　)。
5. 中国努力保持经济快速(　　　　)发展，建设一个富裕(　　　　)的社会。
6. 在生活中与他人产生(　　　　)是(　　　　)的，但应(　　　　)扩大矛盾。
7. 爸爸(　　　　)地对我说："(　　　　)你愿意，我们同意你去留学。"

(四) 根据课文内容回答问题。

1. 成立家庭之后都有哪些琐碎具体的日常家务事？
2. 夫妻生活中为什么需要幽默？幽默起什么作用？
3. "没有勺子不碰锅沿儿"这句话说的是什么意思？
4. 夫妻之间为什么容易出现矛盾、摩擦甚至争吵？
5. 苏格拉底的妻子发脾气，苏格拉底是怎么处理的？
6. 一对结婚多年的夫妻，妻子赌气不吃饭，丈夫是怎么办的？
7. 一位公司老板回家太晚，妻子很生气，矛盾是怎么解决的？
8. 夫妻产生矛盾，双方像"针尖对麦芒"，会导致什么结果？

(五) 成段表达。

1. 复述课文中的三个幽默小故事。

   提示：① 古希腊苏格拉底的妻子，脾气暴躁……

   ② 一对结婚多年的老夫妻，由于性格爱好不同……

   ③ 一位公司老板，有一天因为工作太忙……

2. 谈谈夫妻在日常生活中容易发生哪些矛盾？

   提示：性格摩擦、个人爱好、生活习惯、家务劳动、孩子教育、

家庭开支、与外交往、处事方式

3. 讨论：为什么说幽默是促进家庭和谐的润滑剂？

参考词语：生活琐事、磕磕碰碰、争吵不休、互不相让、赌气、烦恼、一笑了之、大事化小、小事化了、不好意思、吵不起来、缓和矛盾

知识链接

巴黎已去过了

爸爸问儿子："你最爱谁？是爸爸还是妈妈？"儿子说："都爱。"爸爸又问："如果我去美国，妈妈去巴黎，你去哪儿呢？"儿子说："我去巴黎。"爸爸又问他为什么，儿子说："因为巴黎漂亮。""那如果我去巴黎，妈妈去美国呢？"儿子说："那当然去美国了。"爸爸有些失落地说："为什么总跟妈妈走？"儿子一脸坦然："巴黎刚才已经去过了。"

妻子的埋怨

有一对结婚四十年的老夫妻。妻子埋怨(mányuàn)说："你没有以前对我好了，以前你总是紧挨着我坐。"丈夫答："这好办。"立即移坐到她的身旁。妻子说："可过去你总是紧搂(lǒu)着我。"丈夫说："这样好吗？"马上搂住了妻子的脖子。妻子说："你还记得以前怎样吻我的脖颈(jìng)，咬我的耳朵吗？"丈夫跳起身就走出了房门。妻子忙问："你去哪儿？"丈夫答："我得去外屋取我的假牙。"

（选自2007年7月27日和9月26日《齐鲁晚报》"幽默e族"）

第18课　培养一颗健康的心

课前热身

☞ 1. 题目中"健康的心"是什么意思？

☞ 2. 心理健康与身体健康有什么关系？

课　文

近年来的调查证明，大多数人都生活在"亚健康"[1]状态，造成"亚健康"的根本原因是心理问题。现实生活使人们的"心病"不断增多，但求医问药[2]很不方便。尤其是，大多数人并没有意识到自己心理有了毛病，直到积郁成疾。根据精神科医生的调查统计，精神疾病有50%以上是可以预防的。那么，为什么会出心理问题呢？又如何让它自然消失呢？

心理健全的人，心理和行为是一致的、统一的；*反之，是分裂的、矛盾的、互相冲突的。就像一个球队，教练与运动员意见不一致，运动员之间互不服气，如果参加比赛一定会失败。心理学家说，健全的人格就是统一的人格，行为统一即人格统一，可以说就是身心健康。心灵美的人行为也美，心不正行为也不正。古人说："诚于中而形于外。"[3]一个诚实的人，一定很善良，待人宽厚，没有坏心，不损害别人。诚实、正直的人，心理是健全的，行为是统一的；反之，心理是残缺的，行为是矛盾的。小气的人装作大方，骄傲的人装作谦虚，奸诈的人满脸堆笑，心虚的人故作镇静,肤浅的人自我夸奖……,这些都是行为与人格的不统一,会损害身心健康。精神病学专家研究发现,说谎对健康十分有害。人在说谎时,身体内会分泌出一种激素[4]。它会使血压升高,心跳加快,还会使抵抗病菌的白细胞数量下降。

从一个人做事情、学技能和思维、表达等方面来说,行为与人格也必须统一。身心健康的人,*无论做什么事情,总是有勇气、有毅力,专心致志,有条不紊。他们遇到问题时,能集中全力去很好地解决。一个人如果经常在紧张、慌乱的心境下做事,而且没有一定计划,朝三暮四,这就是心理不健康的开始。同样,心理不健全的人,思想会混乱到没有条理,就像一团乱麻[5],找不出头绪,语言表达也不清楚,缺乏逻辑。

一个人的心理是否健康,还有一个标志,就是对外来刺激的反应。在刺激面前,极度的兴奋和异常的淡漠,都是心理有病的反应。例如:突然听到一声巨响,稍微震惊一下,本是正常的反应。但若大惊小怪地哭喊起来,脸色大变,表现出极度的恐惧,那就说明心理上有问题。同样,*只要遇到一点儿小危险、小不幸、小损失,就立刻情绪变化得异常强烈,一定是心理失去了平衡。一个人如果稍微受点挫折,受点委屈,就不能容忍,就激动、暴跳起来,就恨别人,那就是心理失常的表现。

人生中许多苦恼往往发生在不能把握自己。骄傲自大或自轻自贱,都是不能把握自己的表现,从心理卫生角度说是不卫生的,一定会造成苦恼。人若不能把握自己,老是琢磨上司的心理,随时准备阿谀奉承,总是听别人摆布,精神负担一定很重。人若失去了起码的尊严,像个哈巴狗[6]似的摇尾乞怜,也就失去了做人的资格,*还谈得上什么心理卫生？怎能会没有苦恼、自由快乐地生活？

近年来关于心理健康的研究，有许多新发现和新成果。然而，能真正像某种药剂一样，对症下药，一吃就灵[7]，还是不大可能的。因此，培养健康的心态，从容地面对生活，是健康长寿和快乐生活的根本。

（改编自《养生月刊》2008年第4期，作者：肖芸）

注释：

① 亚健康：健康と疾病の中間にあって、ある種の生理機能が低下している状態。いわゆる慢性疲労症候群。

② 求医问药：治療のために医者を訪ね医薬品を求めること。

③ 诚于中而形于外：内心の誠意が、言語や行動を通じて自然に表現されること。

④ 激素：ホルモン。内分泌腺から生み出される化学物質で、血液によって全身を循環し、身体成長、新陳代謝、神経伝導などをコントロールする。

⑤ 一团乱麻：もつれた一かたまりの糸。複雑で糸口が見つけ出せないことを喩える。

⑥ 哈巴狗：犬の一種でチン。非常に従順で、いつも尾を振りながら飼い主の後に付き従う。

⑦ 对症下药，一吃就灵：病状に即した薬を処方してもらい、それを飲めば病気はすぐによくなる。

生 词

1. 积郁成疾	jīyù chéngjí		他长期心情不好～
2. 冲突	chōngtū	动	发生～;边境～;时间有～
3. 教练	jiàoliàn	名	体育～;足球～;舞蹈～
4. 运动员	yùndòngyuán	名	乒乓球～;体操～
5. 服气	fúqì	动	他对上司的批评不～
6. 心灵	xīnlíng	名	幼小的～;～深处;～美
7. 待人	dàirén		～热情;～诚恳;～宽厚
8. 宽厚	kuānhòu	形	～的人;人很～;为人～
9. 损害	sǔnhài	动	～利益;～健康;受到～
10. 残缺	cánquē	动	资料～不全;有点儿～
11. 小气	xiǎoqi	形	他很～,一点儿也不大方
12. 装作	zhuāng zuò		～没听见;～不知道
13. 骄傲	jiāo'ào	形	他很～;感到～;令人～
14. 谦虚	qiānxū	形	～使人进步,骄傲使人落后
15. 奸诈	jiānzhà	形	～的人;他很～;～无朋友
16. 满脸堆笑	mǎnliǎn duīxiào		他对上司～
17. 心虚	xīnxū	形	有点儿～;准备好了就不～
18. 镇静	zhènjìng	形、动	保持～;表现很～;～了一下
19. 肤浅	fūqiǎn	形	～的道理;认识～
20. 夸奖	kuājiǎng	动	受到～;被人～;～了我
21. 说谎	shuō huǎng		他在～;常常～;不要～
22. 表达	biǎodá	动	善于～;～能力强
23. 毅力	yìlì	名	很有～;有～的人
24. 专心致志	zhuānxīn zhìzhì		～地看书;学习要～
25. 有条不紊	yǒutiáo bùwěn		工作进行得～;做事～

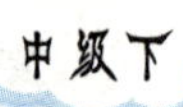

26. 慌乱	huāngluàn	形	不要～；～中忘了东西
27. 朝三暮四	zhāosān mùsì		他总是～地变来变去
28. 头绪	tóuxù	名	～不清；没有～；～繁多
29. 逻辑	luójí	名	～性强；很有～；不符合～
30. 淡漠	dànmò	形	印象～；记忆～；感情～
31. 稍微	shāowēi	副	～难一点儿；～往前点儿
32. 震惊	zhènjīng	动	～世界；令人～；感到～
33. 大惊小怪	dàjīng xiǎoguài		不必～；不要～
34. 恐惧	kǒngjù	动	感到～；令人～；十分～
35. 情绪	qíngxù	名	～高涨；～不高；～不好
36. 平衡	pínghéng	形、动	保持～；失去～；～一下
37. 挫折	cuòzhé	动	遭受～；害怕～；不怕～
38. 委屈	wěiqu	动、形	感到～；受到～；～你了
39. 容忍	róngrěn	动	不能～；不可～；～别人
40. 暴跳	bàotiào	动	～起来；～如雷
41. 恨	hèn	动	～自己；～别人
42. 失常	shīcháng	形	精神～；态度～
43. 自轻自贱	zìqīng zìjiàn		他～；不要～
44. 琢磨	zhuómó	动	认真～；仔细～；反复～
45. 阿谀奉承	ēyú fèngcheng		对上司～；是个～的人
46. 摆布	bǎibù	动	听人～；不能任人～
47. 起码	qǐmǎ	副	～的条件；～会一门外语
48. 摇尾乞怜	yáowěi qǐlián		他对强者～；～的样子
49. 从容	cóngróng	形	表现得很～；～应答；

语言点

1. 反之

△心理健全的人，心理和行为是一致的、统一的；反之，是分裂的、矛盾的、互相冲突的。

◎解释：与以上相反。

*解説：前に記したことに反することを示す。「これに反して」「反対に」「もしそうでなければ」。

例句：(1) 虚心听取别人的意见，不容易犯错误；反之，比较容易犯错误。

(2) 政府必须重视提高人民生活水平；反之，就得不到人民的拥护。

(3) 经济发展越快越要重视环境保护；反之，最终会影响经济发展。

(4) 有了分歧及时沟通，才会缩小和消除；反之，分歧会越来越大。

【练习】根据提示内容，用“反之”完成句子。

(1) 只要努力了就会有收获；________________。

(2) 你需要我的话，我帮助你；________________。

(3) 你尊重别人，别人也会尊重你；________________。

(4) 上课认真听讲，会越听越明白；________________。

(5) 学习目的明确，会越学越有兴趣；________________。

(6) 身体最重要，身体好才能工作好；________________。

2. 无论……总是……

△无论做什么事情，总是有勇气、有毅力，专心致志，有条不紊。

◎解释：表示不因情况变化而改变。

＊解説：状況の変化によって変化しないことを示す。「…を問わず、いつも…」「…するにしても、きまって…」。

例句：(1) 无论跟什么人说话，他总是那么客气。

(2) 无论遇到什么困难，他总是那么有信心。

(3) 无论走到哪里，他总是带着笔记本电脑。

(4) 王老师无论给哪个班上课，总是很受欢迎。

【练习】根据提示内容，用“无论……总是……”说一句话。

(1) 什么时候

(2) 怎样解释

(3) 高兴不高兴

(4) 多么好的成绩

(5) 刮风还是下雨

(6) 白天还是晚上

3. 只要……就……

△只要遇到一点小危险、小不幸、小损失，就立刻情绪变化得异常强烈。

◎解释：前半句是一定的条件或原因，后半句是引出的现象或结果。

＊解説：複文の前半で一定の条件または原因を示し、後半で引き起こした現象または結果を示す。「…しさえすれば、…」。

例句：(1) 只要有希望就积极争取。

(2) 只要努力就有可能成功。

(3) 只要不骄傲自满，就会继续进步。

(4) 只要质量好，不太贵，我就一定买。

【练习】根据提示内容,用“只要……就……”完成对话

(1) A: 你们俩打算什么时候结婚呀?

B: ____。

(2) A: 听说他的脾气不太好,是吗?

B: ____。

(3) A: 你参加不参加这次登山活动?

B: ____。

(4) A: 小李也可以和咱们一起去吗?

B: ____。

(5) A: 外国人能进这个公司工作吗?

B: ____。

(6) A: 现在流行网上购物,很方便吗?

B: ____。

4. 还谈得上什么……?

△……,还谈得上什么心理卫生?

◎解释:用反问形式表示强烈否定,意思是“根本谈不上”“完全不可能”。

＊解説:反語形式を用いて強い否定を示す。意味は、“根本谈不上”“完全不可能”に等しい。

例句:(1) 学习成绩这么差,还谈得上什么考进名校?

(2) 他病得这么厉害,还谈得上什么出去旅行?

(3) 这么小的事都做不了,还谈得上什么做大事?

(4) 连人家的名字都不知道,还谈得上什么交朋友?

【练习】根据提示内容，用“还谈得上什么”说一句话。

(1) 连自行车都买不起，______________。
(2) 连一首歌都不会唱，______________。
(3) 环境污染这么厉害，______________。
(4) 连有多少人口都不知道，______________。
(5) 这件事同学们都知道了，______________。
(6) 这么短的路都不愿意走，______________。

综合练习

(一) 听句子填上空白部分。

1. 心理(　　　　)的人，心理和(　　　　)是一致的、(　　　　)的；反之，是(　　　　)的、(　　　　)的、互相(　　　　)的。就像一个(　　　　)，教练与(　　　　)意见不(　　　　)，运动员之间(　　　　)，如果参加(　　　　)一定会(　　　　)。
2. (　　　　)做什么(　　　　)，总是有(　　　　)、有毅力，(　　　　)致志，(　　　　)条(　　　　)紊。他们(　　　　)问题时，能(　　　　)全力去(　　　　)解决。一个人(　　　　)经常在(　　　　)、慌乱的(　　　　)下做事，(　　　　)没有一定(　　　　)，(　　　　)三(　　　　)四，这(　　　　)心理不(　　　　)的(　　　　)。
3. 同样，(　　　　)遇到一点儿小(　　　　)、小不幸、小(　　　　)，就立刻(　　　　)变化得(　　　　)强烈，一定是心理(　　　　)了平衡。一个人如果(　　　　)受点

(　　　　),受点(　　　　　),就不能(　　　　　),就激动、(　　　　)起来,就(　　　　　)别人,那就是心理(　　　　)的(　　　　)。

(二)听后选择正确答案。

1. 精神疾病可以预防吗?
   A. 50%以上可以预防　　B. 50%是可以预防的
   C. 50%以下可以预防
2. 为什么说心理有问题?
   A. 大惊小怪　　B. 极度恐惧
   C. 反应过度
3. 这段话主要是告诉人们——
   A. 说谎分泌出激素　　B. 说谎白细胞下降
   C. 说谎对健康有害
4. “心理病”可以治疗吗?
   A. “心理病”很难治疗　　B. 对症下药一吃就灵
   C. 要培养健康的心态
5. 人为什么不能把握自己?
   A. 因为骄傲或自轻自贱　　B. 因为心理不卫生
   C. 因为内心很苦恼
6. 这段话告诉我们——
   A. 哈巴狗不是人　　B. 哈巴狗很可怜
   C. 人应该有尊严

（三）选词填空。

（夸奖　冲突　服气　损害　心虚　肤浅　表达　专心致志
头绪　朝三暮四　恐惧　挫折　容忍　摆布　从容
有条不紊）

1. 他们二人个性都很强，互不（　　　　），在会议上发生了（　　　　）。
2. 作为大学校长，即使工作（　　　　）再多，也必须（　　　　）地处理。
3. 那个人的演讲，思想（　　　　），（　　　　）无力，一点儿都不吸引人。
4. 无论做什么事，只要有了充分准备，就不会（　　　　），更不会（　　　　）。
5. 一个人应该有自己独立的人格，既不（　　　　）别人，也不任人（　　　　）。
6. 被人（　　　　）不自满，遭受（　　　　）不灰心，意见不和能（　　　　）。
7. 做任何事情都应该（　　　　）、（　　　　），不能（　　　　）。

（四）根据课文内容回答问题。

1. 什么是“亚健康”？造成“亚健康”的根本原因是什么？
2. 心理学家认为什么是“健全的人格”？
3. 古人说的“诚于中而形于外”是什么意思？
4. 精神病学专家为什么认为说谎对健康有害？
5. 如果一个人心理不健全，会有哪些表现？
6. 为什么说对外来刺激的反应是心理是否健康的标志？

7. 一个人如果总像个哈巴狗似的说明了什么？
8. 要想健康长寿和生活快乐最重要的是什么？

（五）成段表达。

1. 谈谈课文中举出了哪些心理不健康的现象？
   提示：① 心理和行为……
   ② 做事、思维、表达……
   ③ 对外来刺激反应……
   ④ 不能把握自己……
2. 讨论：一个人应该怎样培养健康的心态？
   提示：如何做个诚实的人？
   如何有条不紊地做事？
   如何对待困难和挫折？
   如何保持乐观的情绪？
   如何保持平和的心态？
   如何正确地把握自己？
   如何从容地应对一切？

知识链接

心理快乐法

精神胜利法：这是一种有益身心健康的心理防卫机制。在你的事业、爱情、婚姻不尽人意时，在你因经济上得不到合理的对待而伤感时，在你因生理缺陷遭到嘲笑而寡欢时，你不妨用阿

Q的精神调适一下你失衡的心理，营造一个祥和、豁达(huòdá)、坦然的心理氛围。

难得糊涂法：这是心理环境免遭侵蚀的保护膜。在一些非原则的问题上“糊涂”一下，无疑能提高心理承受的能力，避免不必要的精神痛苦和心理困惑。

随遇而安法：这是心理防卫机制中一种心理的合理反应。培养自己适应各种环境的能力。生老病死、天灾人祸都会不期而至，用随遇而安的心境去对待生活，你将拥有一片宁静清新的心灵天地。

幽默人生法：这是心理环境的“空调器”。当你受到挫折或处于尴尬(gāngà)紧张的境况时，可用幽默化解困境，维持心态平衡。幽默是人际关系的润滑剂，它能使沉重的心境变得豁达、开朗。

宣泄积郁法：心理学家认为，宣泄是人的一种正常的心理和生理需要。你悲伤忧郁时不防与异性朋友倾诉，也可以进行一项你所喜爱的运动，或在空旷的原野上大声喊叫，这样做既能呼吸新鲜空气，又能宣泄积郁。

音乐冥想法：当你出现焦虑、忧郁、紧张等不良心理情绪时不妨试着做一次心理“按摩”，在音乐中逛逛“维也纳森林”“坐邮递马车”……将帮你平息焦虑。

（改编自2004年4月1日浙江健康网）

苏州园林

黄山风光

语言点索引

生词索引

A			
安居	ānjū	动	16
B			
拔地而起	bádì'érqǐ		15
摆布	bǎibù	动	18
颁发	bānfā	动	16
报道	bàodào	动、名	11
暴跳	bàotiào	动	18
暴躁	bàozào	形	17
悲痛	bēitòng	形	13
备有	bèiyǒu	动	11
背后	bèihòu	名	15
比比皆是	bǐbǐ jiēshì		16
必需	bìxū	动	11
避免	bìmiǎn	动	17
编演	biānyǎn	动	10
标志	biāozhì	名、动	14
表达	biǎodá	动	18
表演	biǎoyǎn	动、名	10
不好意思	bù hǎoyìsi		17

不可缺少	bùkě quēshǎo		11
不可收拾	bùkě shōushi		17
不由分说	bùyóu fēnshuō		17
不知不觉	bùzhī bùjué		14
步履轻盈	bùlǚ qīngyíng		11
步入	bùrù	动	12

C

才能	cáinéng	名	13
财富	cáifù	名	16
采访	cǎifǎng	动	11
参与	cānyù	动	12
残缺	cánquē	动	18
灿烂	cànlàn	形	15
策划	cèhuà	动	12
蝉	chán	名	14
长途	chángtú	形	16
吵架	chǎo jià		17
彻底	chèdǐ	形	15
沉(进)	chén	动	13
盛	chéng	动	17
成就	chéngjiù	名	15
成熟	chéngshú	形	13
城区	chéngqū	名	15
城镇	chéngzhèn	名	16
耻辱	chǐrǔ	名	14

充满	chōngmǎn	动	15
冲淡	chōngdàn	动	17
冲突	chōngtū	动	18
宠儿	chǒng'ér	名	15
抽(时间)	chōu	动	12
抽屉	chōuti	名	12
愁色	chóusè	名	13
出乎意料	chūhū yìliào		17
穿着	chuānzhuó	名	16
传递	chuándì	动	14
传统	chuántǒng	名	10
创办	chuàngbàn	动	10
唇枪舌剑	chúnqiāng shéjiàn		17
从容	cóngróng	形	18
从未	cóngwèi	副	11
聪明	cōngmíng	形	13
凑	còu	动	12
挫折	cuòzhé	动	18
D			
打雷	dǎ léi		17
大都	dàdōu	副	10
大方	dàfang	形	16
大惊小怪	dàjīng xiǎoguài		18
大批	dàpī	形	15
大片	dà piàn		14

待(在)	dāi	动	16
待人	dàirén		18
担心	dānxīn	动	12
淡漠	dànmò	形	18
当官	dāng guān		16
当众	dāngzhòng	动	11
档	dàng	名	16
道	dào	名	11
地步	dìbù	名	17
点(歌)	diǎn	动	12
点燃	diǎnrán	动	14
顶级	dǐngjí	形	15
定位	dìngwèi	名、动	15
懂事	dǒngshì	形	14
赌气	dǔqì	动	17
端	duān	动	17
短信	duǎnxìn	名	16

E

阿谀奉承	ēyú fèngcheng		18
耳旁	ěrpáng	名	12

F

发	fā	动	12
发泄	fāxiè	动	17
翻天覆地	fāntiān fùdì		14
烦恼	fánnǎo	形	17
繁忙	fánmáng	形	12

饭量	fànliàng	名	16
仿佛	fǎngfú	副	12
放松	fàngsōng	动	12
飞速	fēisù	形	15
废弃	fèiqì	动	15
分别	fēnbié	副	13
分散	fēnsàn	动、形	10
分送	fēnsòng	动	12
丰富	fēngfù	形	10
风趣	fēngqù	形、名	17
肤浅	fūqiǎn	形	18
服气	fúqì	动	18
幅度	fúdù	名	16
付出	fùchū	动	12
复兴	fùxīng	动	15
G			
盖	gài	动	14
缸	gāng	名	11
告辞	gàocí	动	13
功能	gōngnéng	名	10
沟通	gōutōng	动	10
鼓	gǔ	动	16
故事	gùshi	名	11
故意	gùyì	副	17
关键	guānjiàn	名	16

关注	guānzhù	动	10
观念	guānniàn	名	15
滚滚如潮	gǔngǔn rúcháo		16
国度	guódù	名	16

H

豪杰	háojié	名	10
好（学）	hào	动	13
合同	hétóng	名	15
和好如初	héhǎo rúchū		17
和尚	héshang	名	11
和谐	héxié	形	17
恨	hèn	动	18
胡同	hútòng	名	12
华人	huárén	名	10
患（病）	huàn	动	13
荒地	huāngdì	名	15
慌乱	huāngluàn	形	18
辉煌	huīhuáng	形	13
回归	huíguī	动	14
回想	huíxiǎng	动	14
回赠	huízèng	动	13
荤菜	hūncài	名	17
伙伴	huǒbàn	名	14
获得	huòdé	动	13

J

积郁成疾	jīyù chéngjí		18
即将	jíjiāng	副	14
记得	jìde	动	12
记载	jìzǎi	动	13
技巧	jìqiǎo	名	13
技术	jìshù	名	10
家境	jiājìng	名	10
家乡	jiāxiāng	名	13
架起	jiàqǐ	动	10
奸诈	jiānzhà	形	18
间断	jiànduàn	动	12
艰险	jiānxiǎn	形	13
检阅	jiǎnyuè	动	14
健壮	jiànzhuàng	形	11
交融	jiāoróng	动	15
交往	jiāowǎng	动	17
骄傲	jiāo'ào	形	18
教练	jiàoliàn	名	18
街市	jiēshì	名	13
节奏	jiézòu	名	15
结构	jiégòu	名	16
惊人	jīngrén	形	15
惊讶	jīngyà	形	16
精	jīng	形	16

精美	jīngměi	形	12
景象	jǐngxiàng	名	15
敬仰	jìngyǎng	动	10
就餐	jiùcān	动	11
举世瞩目	jǔshì zhǔmù		14
巨额	jù'é	形	16
拒绝	jùjué	动	12
决议	juéyì	名	10
崛起	juéqǐ	动	15
	K		
开办	kāibàn	动	10
开朗	kāilǎng	形	12
开展	kāizhǎn	动	10
磕磕碰碰	kēkēpèngpèng	动	17
铿锵有力	kēngqiāng yǒulì		15
空前	kōngqián		16
恐惧	kǒngjù	动	18
口号	kǒuhào	名	14
枯燥	kūzào	形	17
夸奖	kuājiǎng	动	18
宽广	kuānguǎng	形	15
宽厚	kuānhòu	形	18
宽阔	kuānkuò	形	14
	L		
浪漫	làngmàn	形	17

老太婆	lǎotàipó	名	11
老翁	lǎowēng	名	11
老幼	lǎoyòu	名	11
礼花	lǐhuā	名	14
礼貌	lǐmào	名、形	12
力所能及	lìsuǒnéngjí		12
历尽	lìjìn	动	13
良方	liángfāng	名	11
靓	liàng	形	16
疗效	liáoxiào	名	16
琳琅满目	línláng mǎnmù		16
零散	língsǎn	形	12
楼房	lóufáng	名	14
搂	lǒu	动	17
陆续	lùxù	副	10
律师	lǜshī	名	15
孪生姊妹	luánshēng zǐmèi		11
轮椅	lúnyǐ	名	12
逻辑	luójí	名	18
锣鼓	luógǔ	名	14
M			
满脸堆笑	mǎnliǎn duīxiào		18
满面红光	mǎnmiàn hóngguāng		11
茅草房	máocǎofáng	名	14
秘诀	mìjué	名	11

面貌	miànmào	名	14
名胜景点	míngshèng jǐngdiǎn		16
明显	míngxiǎn	形	11
鸣	míng	动	14
摩擦	mócā	动	17
摩天大楼	mótiān dàlóu		15
目瞪口呆	mùdèng kǒudāi		17
目光	mùguāng	名	10

N

难免	nánmiǎn	形	17
尼姑	nígū	名	11

P

叛乱	pànluàn	动	13
盼望	pànwàng	动	11
庞大	pángdà	形	10
陪	péi	动	12
陪同	péitóng	动	13
配方	pèifāng	名	11
批准	pīzhǔn	动	13
脾气	píqi	名	17
品牌	pǐnpái	名	15
聘	pìn	动	10
平房	píngfáng	名	14
平衡	pínghéng	形、动	18
平稳	píngwěn	形	17

Q			
起码	qímǎ	副	18
气息	qìxī	名	12
千辛万苦	qiānxīn wànkǔ		11
谦虚	qiānxū	形	18
钱包	qiánbāo	名	16
桥梁	qiáoliáng	名	10
亲切	qīnqiè	形	12
亲情	qīnqíng	名	12
倾慕	qīngmù	动	17
清除	qīngchú	动	14
情形	qíngxing	名	12
情绪	qíngxù	名	18
请教	qǐngjiào	动	11
去世	qùshì	动	11
劝	quàn	动	11
R			
热潮	rècháo	名	10
人群	rénqún	名	15
容忍	róngrěn	动	18
融合	rónghé	动	15
融入	róngrù	动	17
润滑	rùnhuá	形	17
S			
散发	sànfā	动	12

膳食	shànshí	名	16
上街	shàngjiē	动	14
上任	shàngrèn	动	13
上升	shàngshēng	动	16
稍微	shāowēi	副	18
奢侈	shēchǐ	形	16
深刻	shēnkè	形	12
生动	shēngdòng	形	16
生机勃勃	shēngjī bóbó		15
生育	shēngyù	动	11
圣地	shèngdì	名	10
圣火	shènghuǒ	名	14
盛世	shèngshì	名	13
失常	shīcháng	形	18
施工	shīgōng	动	15
时装	shízhuāng	名	16
始于	shǐ yú		15
驶(入)	shǐ	动	13
首	shǒu	量	12
首先	shǒuxiān	副	15
属于	shǔyú	动	15
书法	shūfǎ	名	11
舒适	shūshì	形	16
率领	shuàilǐng	动	10
水泥	shuǐní	名	14

说谎	shuō huǎng		18
思念	sīniàn	动	13
送行	sòngxíng	动	13
俗话	súhuà	名	17
素食	sùshí	名	11
塑造	sùzào	动	15
随后	suíhòu	副	13
随手	suíshǒu	副	17
损害	sǔnhài	动	18
缩短	suōduǎn	动	16
琐碎	suǒsuì	形	17

T

谈笑风生	tánxiào fēngshēng		11
坦言	tǎnyán	动、名	10
倘若	tǎngruò	连	17
特地	tèdì	副	10
提升	tíshēng	动	13
添加	tiānjiā	动	17
田间	tiánjiān	名	11
厅堂	tīngtáng	名	10
头绪	tóuxù	名	18
突飞猛进	tūfēi měngjìn		15
土岗	tǔgǎng	名	14
推动力	tuīdònglì	名	15
推广	tuīguǎng	动	10

W			
瓦房	wǎfáng	名	14
完美	wánměi	形	11
挽留	wǎnliú	动	13
危房	wēifáng	名	16
威武	wēiwǔ	形	14
委屈	wěiqu	动、形	18
吻	wěn	动	17
五彩缤纷	wǔcǎi bīnfēn		14

X			
息息相关	xīxī xiāngguān		10
习武	xí wǔ		10
袭击	xíjī		13
喜事连连	xǐshì liánlián		14
系统	xìtǒng	形、名	10
细心	xìxīn	形	12
狭窄	xiázhǎi	形	12
仙丹妙药	xiāndān miàoyào		11
掀起	xiānqǐ	动	10
闲钱	xiánqián	名	16
闲暇	xiánxiá	名	16
羡慕	xiànmù	动	13
相处	xiāngchǔ	动	12
小气	xiǎoqi	形	18
协调	xiétiáo	动、形	11

心爱	xīn'ài	形	13
心灵	xīnlíng	名	18
心平气和	xīnpíng qìhé		17
心虚	xīnxū	形	18
欣赏	xīnshǎng	动	10
胸怀	xiōnghuái	名、动	15
喧腾	xuānténg	动	14
旋律	xuánlǜ	名	15
学业	xuéyè	名	13
寻找	xúnzhǎo	动	11
循环往复	xúnhuán wǎngfù		17

Y

烟消云散	yānxiāo yúnsàn		17
延年益寿	yánnián yìshòu		11
研习	yánxí	动	13
厌	yàn	动	11
羊肠小路	yángcháng xiǎolù	名	14
养生	yǎngshēng	动	11
摇尾乞怜	yáowěi qǐlián		18
杳无音信	yǎo wú yīnxìn		13
药物	yàowù	名	11
野树	yě shù	名	14
一本正经	yīběn zhèngjīng		17
一见如故	yījiàn rúgù		12
一下子	yīxiàzi	副	12

一笑了之	yīxiào liǎozhī		17
义卖	yìmài	动	12
毅力	yìlì	名	18
殷实	yīnshí	形	10
英雄	yīngxióng	名	10
拥挤	yōngjǐ	形、动	16
拥有	yōngyǒu	动	10
优异	yōuyì	形	13
忧愁	yōuchóu	形	17
幽默	yōumò	形	11
游人如流	yóurén rúliú		16
游戏	yóuxì	名	12
游行	yóuxíng	动	14
有条不紊	yǒutiáo bùwěn		18
有益	yǒuyì	形	11
遇难	yùnàn	动	13
远离	yuǎnlí	动	16
远门	yuǎnmén	名	10
怨气	yuànqì	名	18
运动员	yùndòngyuán	名	18

Z

赞扬	zànyáng	动	15
摘	zhāi	动	13
展览会	zhǎnlǎnhuì	名	15
战胜	zhànshèng	动	14

朝三暮四	zhāosān mùsì		18
遮(住)	zhē	动	13
阵	zhèn	量	12
镇静	zhènjìng	形、动	18
震惊	zhènjīng	动	18
争辩	zhēngbiàn	动	17
争吵	zhēngchǎo	动	17
正当	zhèngdāng	动	13
之余	zhī yú		12
指标	zhǐbiāo	名	16
指出	zhǐ chū		15
至少	zhìshǎo	副	11
志愿者	zhìyuànzhě	名	12
治病	zhì bìng		11
终于	zhōngyú	副	13
逐年	zhúnián	副	16
主动	zhǔdòng	形	12
专门	zhuānmén	副、形	13
专心致志	zhuānxī zhìzhì		18
砖瓦	zhuānwǎ	名	12
转变	zhuǎnbiàn	动	16
装作	zhuāng zuò		18
壮观	zhuàngguān	形	14
追	zhuī	动	16
追赠	zhuīzèng	动	13

捉迷藏	zhuōmícáng		14
着重	zhuózhòng	动	15
琢磨	zhuómó	动	18
自豪	zìháo	形	14
自轻自贱	zìqīng zìjiàn		18
总会	zǒng huì		12
走亲串友	zǒuqīn chuànyǒu		16
阻挡	zúdǎng	动	15
坐落	zuòluò	动	13

听力练习录音文本与参考答案

第10课

(一) 听句子填上空白部分。

1. 电影　掀起　热潮
2. 90　陆续　前来参观
3. 学习武术　大都　住在
4. 近　如雨后春笋般
5. 举办　研讨会　推广
6. 中国传统文化　重要

(二) 听后根据课文判断正误,对的画"√",错的画"×"。

1. (少林功夫和少林寺为河南和中国架起了一道桥梁。)　(×)
2. (韩西辰家一层是旅馆,二层是饭馆,三层自己住。)　(×)
3. (学习武术的老外,白天在寺院习武,晚上住农家旅馆。)　(√)
4. (少林功夫表演团到加拿大、美国、日本、韩国等地演出。)　(√)
5. (法国巴黎的少林文化中心,是欧洲最大的中国寺庙。)　(×)
6. (纽约华人区少林寺培养出数千弟子,分散在美国各州。)　(√)
7. (非洲出现了17家由当地人办、当地人教的武术学校。)　(×)
8. (少林功夫具有极其丰富的宗教文化功能和价值。)　(√)

第11课

(一) 听句子填上空白部分。

1. 正因如此　被称为　良方
2. 健康　仙丹妙药
3. 认为饮茶　长寿之道
4. 有个　有不少　以上

5. 唯一　之处　可能是
6. 总之　药理　综合性　既　又

（二）听后根据课文判断正误，对的画“√”，错的画“×”。

1.（茶叶只有明显的药物作用。）　（×）
2.（饮茶是最有效的长寿良方。）　（×）
3.（唐朝有位和尚，100岁了还很健康。）　（×）
4.（英国的高龄孪生姊妹，以茶代酒祝贺生日。）　（√）
5.（福建的一位尼姑从未用过早餐，只是饮茶数杯。）　（√）
6.（孙中山卫士长的长寿之道是，每天练习书法。）　（×）
7.（朱德曾写过一首诗，道出了他喝茶的秘密。）　（×）
8.（医学研究表明：茶叶就像配方合理的良药。）　（√）

第12课

（一）听句子填上空白部分。

1. 在　和　之间　一片
2. 每位　都　一份　礼物
3. 随着　增多　许多　常驻
4. 自　以来　过　公益
5. 和　聊天时　主动地
6. 有些　虽　很高　但仍　时事

（二）听后根据课文判断正误，对的画“√”，错的画“×”。

1.（敬老院生活着40位老人，平均年龄70岁。）　（×）
2.（这个敬老活动是由日本人会妇女会组织的。）　（√）
3.（平日来敬老院的志愿者不多，只有小学生。）　（×）
4.（日本女士们来的这一天，成为老人们盼望的日子。）　（√）
5.（每次搞活动，她们不需要周密的策划和准备。）　（×）
6.（比起日本老人，中国老人更开朗，容易沟通。）　（√）
7.（74岁的林老太太说：“她们很有礼貌，很亲切。”）　（×）
8.（柳冈美子说：看到这些老人，会想到自己的母亲。）　（√）

第13课

(一) 听句子填上空白部分。

1. 作为　来到了　首都
2. 在　中　以　考上了
3. 为送别　专门　一首诗
4. 听到　遇难　消息　悲痛
5. 公元770年　埋葬在
6. 为　和　做出了　贡献

(二) 听后根据课文判断正误，对的画"√"，错的画"×"。

1. (仲麻吕出生于中等贵族家庭，从小羡慕中国宋朝文化。)　(×)
2. (日本进入封建社会前，非常希望学习中国的制度。)　(×)
3. (仲麻吕到长安后，先读儒学经典，后学诗文和知识。)　(×)
4. (仲麻吕与唐朝李白、王维等许多著名诗人友谊很深。)　(√)
5. (仲麻吕出国时，唐朝廷及诗友们举行了盛大告别宴会。)　(×)
6. (人们认为仲麻吕已经在海中遇难，消息很快传到唐朝。)　(√)
7. (仲麻吕公元766年回到长安，被唐玄宗任命为节度使。)　(×)
8. (西安的阿倍仲麻吕纪念碑坐落在当年兴庆宫的遗址上。)　(√)

第14课

(一) 听句子填上空白部分。

1. 改革　阳光　翻天覆地
2. 小路　宽阔　水泥　可以　国道
3. 哪家　手机　电脑　越来越多
4. 发生了　每件　都　激动　欢呼
5. 机会　挑战　举世瞩目
6. 觉得　还比较远　不知不觉　眼前

(二) 听后根据课文判断正误，对的画"√"，错的画"×"。

1. (我1978年出生在山东农村，转眼之间已经27岁了。)　(×)
2. (小时候，我经常和伙伴们摘苹果，抓麻雀，捉迷藏。)　(×)
3. (原来有自行车都觉得自豪，如今家家都有了摩托车。)　(√)

4.（1997年7月1日香港回归，我已经是小学四年级学生。）　（√）
5.（1996年10月1日是中华人民共和国诞生50周年纪念日。）　（×）
6.（中国2000年4月13日申奥成功，11月20日加入世贸。）　（×）
7.（2008年8月8日，第28届奥林匹克运动会在北京开幕。）　（×）
8.（举办奥林匹克运动会，全中国人民的百年梦想成为现实。）　（√）

第15课

（一）听句子填上空白部分。

1. 1985年　仅有　100米　300余座　拔地而起　建成　博物馆　剧院　旧式　改造　娱乐中心　知名　纷纷
2. 美籍华人　原来　怎么可能　繁华　访问　突然　属于　1999　发现　1916　建筑　顶级　场所
3. 2002　1500　旧城区　开发　商品房　公司　开店　建设　农民工　计划　卫星城市　将达到

（二）听后选择正确答案。

1. 内容：2005年，美国《时代》周刊发表专题报道《上海的变迁：东方融合西方》，高度赞扬了上海改革开放以来取得的巨大成就。
   问题：《时代》周刊专题报道的题目是什么？
   答案：C
2. 内容：15年前这里还是一片荒地，如今已成为新的金融中心。今年上海吸引合同外资120多亿美元，是1985年的近40倍。
   问题：今年上海吸引外资是15年前的多少倍？
   答案：B
3. 内容：上海这座始于长江口一个小渔村的城市，目前有1670万人口，成了现代东方融合西方梦想的实现者。
   问题：这段话主要说明了什么？
   答案：C
4. 内容：王奋华是波士顿大学的经济学博士，两年前的一次回国彻底改变了观念，目前他是上海证券交易所的高级研究员。
   问题：王奋华为什么要到上海工作？
   答案：B

5. 内容：上海的迅速发展感染和吸引了大批到国外留学的人，目前，大约有三分之一的“海归派”在上海工作。
问题：“海归派”是什么意思？
答案：B
6. 内容：《时代》周刊指出：上海的崛起有着不可阻挡的推动力，力量源于中国五千年的文明史。
问题：上海崛起的推动力源于哪里？
答案：C

第16课

(一) 听句子填上空白部分。

1. 主食　下降　副食　上升　饭量
2. 制度　面积　喜迁新居　不断改善
3. 1998　比例　50%　大中城市　70%
4. 衣着服饰　质量　体现　品牌　风格　服装　市场　名牌
5. 从幼儿园　到　甚至　岗位　阶段　都有　大学生　硕士　博士　增加
6. 通信方式　多样　便利　随时　短信　电子邮件　之间　距离　缩短

(二) 听后根据课文判断正误，对的画“√”，错的画“×”。

1. (改革开放以来，普通百姓的生活，至少有十大变迁。)　(√)
2. (在中国，“万元户”是家庭拥有巨额财富的代名词。)　(×)
3. (城镇居民的食品消费，逐渐向讲究疗效、方便转变。)　(×)
4. (过去，城市和农村的民居都是旧房、筒子楼、危房。)　(×)
5. (中老年人喜欢高档服装，年轻人追时装潮流，求新求美。)　(×)
6. (十多年前，中国人既没有很多闲钱，也没有太多的闲暇。)　(√)
7. (十多年前，写信是大多数中国人与远方亲人的交流方式。)　(√)

第17课

(一) 听句子填上空白部分。

1. 家庭　恋爱　浪漫　倾慕　会　琐碎　家务
2. 夫妻生活　增进感情　剂　帮助　烦恼　疲劳
3. 吵架　生气时　使其一笑　大事化小　了

4. 公司老板　太忙　一点　妻子　左　右　热　热　急　气
5. 辩　架　气　并不罕见　对　互　让　闹上法庭
6. 每个人　机会　力量　运用　与　亲近　交往

(二) 听后根据课文判断正误，对的画"√"，错的画"×"。

1.（没有幽默来协调、润滑，一定会小吵变大吵，不可收拾。）　（×）
2.（苏格拉底正在与学生讨论问题，妻子跑进来，端起一盆水，把苏格拉底泼得像落汤鸡。）　（×）
3.（夫妻各有个性和要求，免不了有不满和怨气向对方发泄。）　（√）
4.（一对结婚多年的夫妻经常吵架，每次都化幽默为玉帛。）　（×）
5.（丈夫盛了一碗饭给妻子，想让妻子吃完饭再跟他吵架。）　（×）
6.（妻子奇怪地问他："你今天有毛病吧！怎么光吃青菜？"）　（√）
7.（"硬碰硬"只能碰碎"圆镜"，幽默能缓和矛盾，促进和谐。）　（√）

第18课

(一) 听句子填上空白部分。

1. 健全　行为　统一　分裂　矛盾　冲突　球队　运动员　一致　互不服气　比赛　失败
2. 无论　事情　勇气　专心　有　不　遇到　集中　很好地　如果　紧张　心境　而且　计划　朝　暮　就是　健康　开始
3. 只要　危险　损失　情绪　异常　失去　稍微　挫折　委屈　容忍　暴跳　恨　失常　表现

(二) 听后选择正确答案。

1. 内容：根据精神科医生的调查统计，精神疾病有50%以上是可以预防的。
   问题：精神疾病可以预防吗？
   答案：A
2. 内容：突然听到一声巨响，若大惊小怪地哭喊起来，脸色大变，表现出极度的恐惧，那就说明心理上有问题。
   问题：为什么说心理有问题？
   答案：C

3. 内容：人说谎时，体内会分泌出一种激素，使血压升高，心跳加快，还会使白细胞数量下降。

问题：这段话主要是告诉人们——

答案：C

4. 内容："心理病"能真正像某种药剂一样，对症下药，一吃就灵，还是不大可能的。

问题："心理病"可以治疗吗？

答案：A

5. 内容：骄傲自大或自轻自贱，都是不能把握自己的表现，从心理卫生角度说是不卫生的，一定会造成苦恼。

问题：人为什么不能把握自己？

答案：B

6. 内容：人若失去了起码的尊严，像个哈巴狗似的摇尾乞怜，也就失去了做人的资格。

问题：这段话告诉我们——

答案：C